AI와 대학 교양교육

AI문고

인공지능 시대입니다. 기계가 인간의 인지를 대신하고, 사물이 인간을 통하지 않고 다른 사물과 직접 커뮤니케이션합니다. 이에 따른 인간 삶과 문명 변화를 정확히 이해·예측·대응하는 것은 이 시대 우리 모두의 과제입니다. AI문고는 인공지능 기술과 환경의 여러 주제를 10가지 키워드로 정리합니다. 관련 개념과 이론, 학계와 산업계의 쟁점, 우리 일상의 변화를 다룹니다. 인간과 기술의 현재, 미래를 세심히 분석합니다.

일러두기

- 인명, 작품명, 저서명, 개념어 등은 한글과 함께 괄호 안에 해당 국가의 원어를 병기했습니다.
- 외래어 표기는 현행 어문규정의 외래어표기법을 따랐습니다.

처음이세요?
전문가세요?

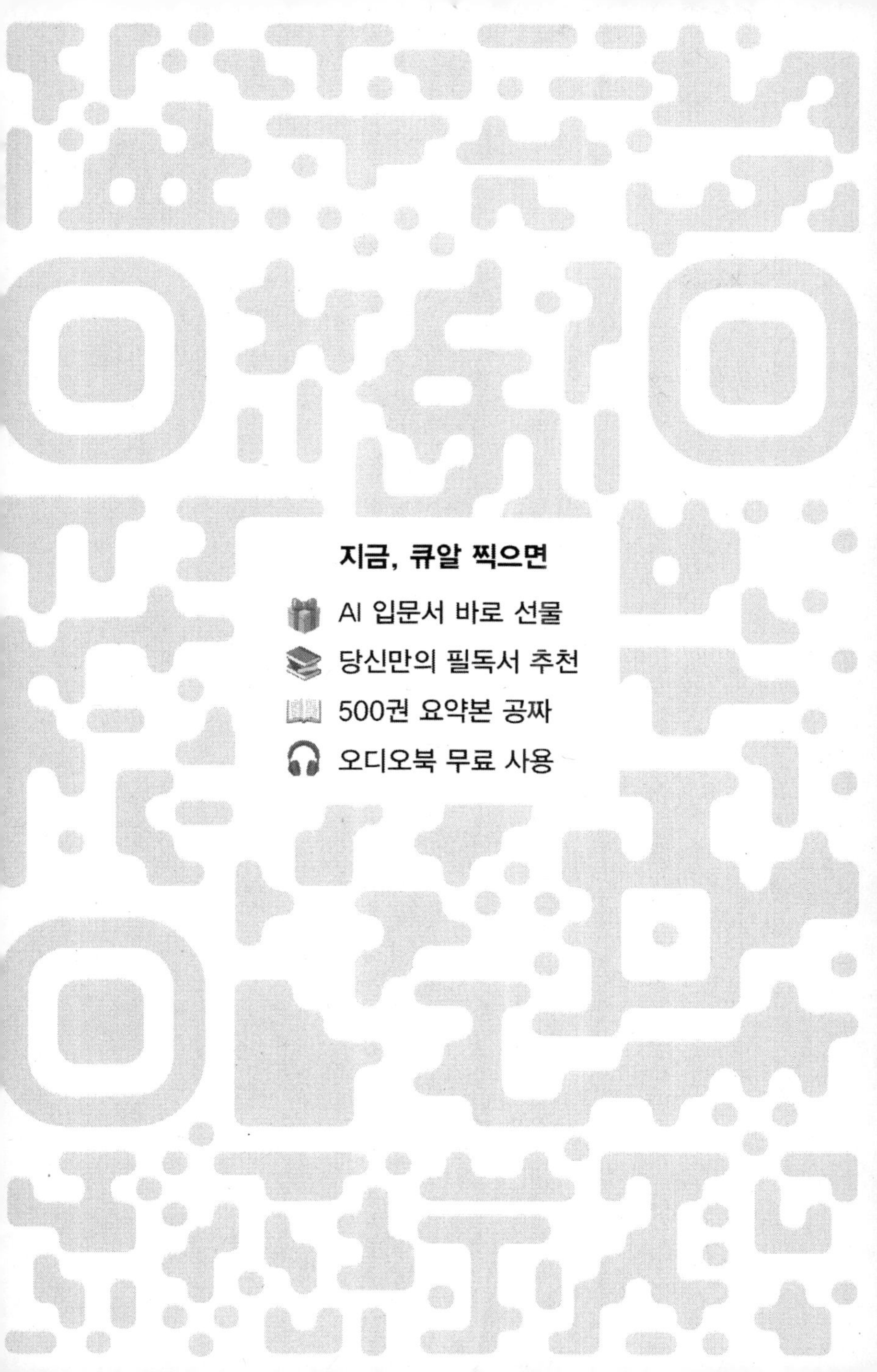
지금, 큐알 찍으면
AI 입문서 바로 선물
당신만의 필독서 추천
500권 요약본 공짜
오디오북 무료 사용

AI와 대학 교양교육

김양희

대한민국, 서울, 커뮤니케이션북스, 2026

AI와 대학 교양교육

지은이 김양희
펴낸이 박영률

초판 1쇄 펴낸날 2026년 2월 27일

커뮤니케이션북스(주)
출판 등록 2007년 8월 17일 제313-2007-000166호
02880 서울시 성북구 성북로 5-11
전화(02) 7474 001, 팩스(02) 736 5047
commbooks@commbooks.com
www.commbooks.com

ISBN 979-11-430-1966-0 03500

책값은 뒤표지에 표시되어 있습니다.

차례

AI 시대의 교양교육

인공지능(Artificial Intelligence, AI)이 하루가 다르게 우리의 일상 깊숙이 들어오고 있다. 챗지피티(ChatGPT)는 우리가 질문을 던지면 몇 초 만에 답을 해 준다. 생성형 AI는 우리가 공부하고 일하고 생각하는 방식을 완전히 바꾸어 놓고 있다.

그런데 문득 이런 생각이 든다. 'AI가 이렇게 똑똑해지면 인간은 무엇을 해야 할까?', '대학에서는 무엇을 가르치고 배워야 할까?' 이 책은 바로 이 물음에서 출발한다. 그리고 그 답을 찾기 위해, 지금 우리는 대학의 교양교육을 다시 생각해 보고자 한다.

AI에도 종류가 있다. 우리가 일상에서 사용하는 챗지피티나 번역기, 이미지 생성 도구는 대체로 '약한 AI(weak AI)'에 해당한다. 이는 특정 과제를 수행하도록 설계된 도구로서, 스스로 의식을 갖거나 존재의 의미를 성찰하지는 않는다. 반면 '강한 AI(strong AI)'는 인간처럼 생각하고 느끼는 수준의 인공지능을 가리킨다. 영화 속에 종종 등장하는 AI 로봇이 그 예다. 아직 현실에서

강한 AI가 구현되었다고 말하기는 어렵지만 기술 발전의 속도를 보면 기대와 함께 불안도 커진다.

약한 AI 시대에는 도구를 현명하게 다루는 능력이 중요하다. 그러나 만약 강한 AI에 가까운 시대가 온다면 우리는 더 근본적인 질문과 마주하게 된다. 인간은 왜 배워야 하는가, 어떻게 살아야 하는가 같은 질문들이다. 결국 문제는 기술 자체가 아니라 인간 존재와 우리가 속한 공동체의 의미로 향한다. 이 지점에서 교양교육은 변화의 시대를 견디고 방향을 찾게 해 주는 교육의 중심이 된다.

'인간학(Humanics)'이 던지는 메시지

AI의 발전을 이야기할 때 자주 등장하는 말이 '특이점(singularity)'이다. 이는 AI가 인간의 지적 한계를 넘어서는 시점을 뜻한다. 즉, AI가 인간보다 더 빠르고, 더 똑똑해지며, 자율적으로 판단할 수 있는 단계를 가리키는 것이다(Kurzweil, 2006). 만약 그런 시대가 온다면 대학 교육은 어떻게 달라져야 할까?

노스이스턴대학교(Northeastern University)의 총장 조지프 아운(Joseph E. Aoun)은 이를 '인간학(Humanics)'이라는 개념으로 설명한다. 그는 AI 시대의 진정한 교육이란 인간만이 발휘할 수 있는 능력을 키우는 일이며, 이를 위해 교육이 세 가지 새로운 리터러시를 중심으로 재편되어야 한다고 주장한다. 세 가지는 데이터 리터러시(data literacy), 기술 리터러시(technological literacy), 인간 리터러시(human literacy)다.

데이터 리터러시는 정보가 넘쳐나는 시대에 필요한 비판적 사고와 연결된다. 무엇이 사실인지, 어떤 데이터가 왜곡되어 있는지, 어떤 기준으로 판단해야 하는지 묻고 검증하는 능력이다. 기술 리터러시는 단순히 기계를 다루는 능력을 가리키는 것이 아니라 AI를 포함한 기술이 어떻게 작동하는지 이해하고, 나아가 그 기술이 우리의 삶과 사회에 어떤 의미를 만들어 내는지 성찰하는 능력이다. 인간 리터러시는 공감하고, 윤리적으로 사고하며, 함께 살아가는 법을 배우는 능력이다. 타인을 존중하고 갈등을 조정하며 공동의 가치를 합의해 가는 힘, 다시 말해 '사람답게 살아가는 역량'을 뜻한다.

이 '인간학'의 관점은 교양교육이 지향해야 할 목표를 뚜렷하게 보여 준다. AI 시대의 교양교육은 기술과 경쟁하기 위해 인간을 훈련하는 교육이 아니라 기술의 시대 속에서 인간을 더 깊이 이해하고 인간의 가치를 새롭게 세우는 교육으로 나아가야 한다.

교양교육은 무엇을 해야 하나

AI 시대의 대학은 단순히 지식을 가르치고 배우는 곳으로 끝나서는 안 된다. 대학은 서로의 다름을 존중하며, 함께 더 나은 세상을 만들어가기 위한 역량을 키우는 곳이어야 한다. AI는 인간의 언어를 학습하고 지식을 재현할 수 있지만 타인의 고통에 공감하며 판단하지는 못한다. 또한 AI는 방대한 정보를 빠르게 조합할 수는 있지만 지식에 의미를 부여하고 공동체의 가치로 연결하는 책임까지 대신할 수는 없다. 새로운 기술이 등장할 때마다 우리는 묻는다. 인간은 무엇을 해야 하는가? 그리고 어떻게 살아야 하는가? 바로 이러한 질문을 던지고 함께 고민하며 각자의 답을 찾아가는 과정이 교양교육의 출발점이 된다.

AI가 답을 대신 생성해 주는 시대에는 교양교육의 역할은 더욱 커질 것이다. '무엇을 얼마나 알고 있는지'보다 '무엇을 할 수 있는지', 그리고 그보다 더 중요한 '왜 그것을 해야 하는지'를 분명히 할 수 있어야 하기 때문이다. 결국 AI 시대를 살아갈 힘은 기술 그 자체가 아니라 인간에게서 나온다. 교양교육은 빠르게 변하는 세상 속에서 생각을 멈추지 않고, 기술을 맹목적으로 따르지 않으며, 인간의 가치를 키우는 교육이어야 한다.

책의 구성

이 책은 AI 시대에 대학 교양교육이 왜 중요한지, 그리고 그것이 인간과 사회에 어떤 의미를 지니는지를 탐색하기 위해 다음과 같이 구성된다.

1장에서는 AI 시대에 대학의 존재 이유와 교양교육의 의미를 새롭게 묻는다. 대학의 역할은 지식의 전수가 아니라 학생을 학습의 주체로 성장시키는 것임을 강조하며, 하버드대학교와 예일대학교의 사례를 통해 교양교육이 개인의 성장과 사회적 책임을 연결하는 통합 교육임을 확인한다.

2장에서는 AI의 역사를 되짚으며 인간과 AI의 본질적 차이를 탐구한다. 인간은 감정과 동기, 맥락 속에서 의미를 형성하고 창의적으로 사고하는 존재인 반면, AI의 학습은 방대한 데이터의 패턴을 빠르고 정밀하게 파악하는 데 초점을 둔다. 이러한 차이를 바탕으로 인간이 기술과 어떻게 협력할 수 있는지, 그리고 어떤 윤리적 기준이 필요한지 함께 고민한다.

3장에서는 '지식'보다 '역량'이 중심이 되는 교육의 변화를 다룬다. 경제협력개발기구(Organisation for Economic Cooperation and Development, OECD)와 국내에서 수행된 미래 역량 연구를 바탕으로 창의성, 비판적 사고력, 공감 등 AI가 대체하기 어려운 인간 고유의 능력이 왜 중요한지를 살펴보고, 특히 '질문하는 능력'이 AI 시대의 핵심 역량임을 강조한다.

4장에서는 학문 간 경계를 허무는 융합교육의 필요성을 이야기한다. AI와 인문학, 사회과학, 예술을 넘나드는 융합의 사례를 소개하며, 복잡한 사회 문제를 해결하기 위한 통합적 사고의 중요성을 논의한다. 이어지는 5장에서는 혁신적 교육 모델로 미네르바 대학의 사례를 제시한다. 미네르바는 물리적인 캠퍼스 없이 전 세계를 교실로 삼아 역량 중심의 융합교육을 실천하고 있다.

6장에서는 디지털 리터러시와 AI 리터러시를 다룬다. 단순히 기술을 활용하는 능력이 아닌 정보를 비판적으로 해석하고 윤리적으로 활용하는 능력, 그리고 AI와 소통하며 협력할 수 있는 역량의 의미를 살펴본다.

7장에서는 대학의 교양 글쓰기 교육을 다룬다. 생성형 AI가 글쓰기 교육을 어떻게 변화시키는지 검토하고, 그 속에서 인간의 사고 활동과 글쓰기 윤리가 왜 중요한지 구체적 사례를 통해 논의한다. 이를 통해 글쓰기가 단순한 표현의 기술이 아니라 생각을 정리하고 타인과 소통하며 스스로를 성찰하는 과정임을 확인한다.

8장과 9장에서는 AI 발전이 불러온 윤리적 쟁점을 집중적으로 다룬다. 데이터 편향, 알고리즘(algorithm)의 불투명성, 창작의 책임과 저작권 논쟁 등을 실제 사례를 통해 살펴보며 윤리적 성찰의 필요성을 강조하고, AI 윤리와 디지털 시민 교육의 방향을 제시한다.

마지막으로 10장에서는 대학 교양교육의 미래와 지향점을 정리한다. 대학에서 배운 지식만으로 평생의 직업 활동을 지속하기 어려운 시대에 교양교육이 평생학습으로 이어지는 기반이 되어야 함을 강조하며, 자율적이고 협력적인 학습 능력을 통해 지속 가능한 사회를 만들어 가는 힘을 길러야 한다고 제안한다.

참고문헌

Aoun, J. E.(2017). *Robot-Proof: Higher Education in the Age of Artificial Intelligence*. The MIT Press.

Kurzweil, R.(2006). *The singularity is near: when humans transcend biology*. Penguin.

01
AI 시대 교양교육의 의미

AI의 진화는 대학 교육의 방향과 역할에 새로운 전환을 요구하고 있다. 대학은 이제 변화하는 사회에 능동적으로 대응할 수 있는 인재를 길러내야 한다. 이 장에서는 AI 시대 대학 교육의 변화 양상과 과제를 살펴보고, 그 속에서 교양교육이 수행해야 할 역할과 목표를 탐색한다.

기후 위기와 인공지능?

AI 시대 대학 교육의 변화와 과제

2016년 1월 스위스 다보스(Davos)에서 열린 세계경제포럼(World Economic Forum) 연례회의는 '4차 산업혁명(Fourth Industrial Revolution)'을 핵심 의제로 전면화하며, 인공지능(AI), 빅데이터(Big Data), 사물인터넷(IoT), 로봇공학 등 첨단 기술의 융합이 산업 구조와 사회 시스템 전반에 가져올 변화를 강조했다(Schwab, 2016). 이는 단순한 기술적 진보가 아니라 인간의 삶과 노동, 교육, 가치 체계 전반에 영향을 미치는 패러다임의 전환으로 이해할 수 있다. 1차 산업혁명이 증기기관을 통한 기계화, 2차 산업혁명이 전기와 대량생산, 3차 산업혁명이 컴퓨터와 자동화의 시대였다면, 4차 산업혁명은 초지능·초연결 사회의 형성을 의미하며 그 중심에는 빠르게 진화하고 있는 AI 기술이 자리하고 있다.

AI는 단순한 계산이나 반복적 업무 처리의 수준을 뛰어넘어 학습과 추론을 기반으로 보다 정교한 판단을 수행하는 방향으로 발전해 왔다. 더 나아가 인간의 언어를 이해하고, 예술과 콘텐츠를 창조하며 교육, 언론, 문화 전반의 변화를 이끌고 있다. 하버드대학교의 새뮤얼 아브스만(Samuel Arbesman)은 지식이 고정된 것이 아니라 시간이 흐르면서 갱신·대체되며, 분야에 따라 그 변화 속도

또한 예측 가능한 경향을 보인다고 설명한다(Arbesman, 2013). 이 관점에서 보면 AI의 확산은 지식의 갱신 주기를 더욱 짧게 만들어 대학에서 배운 지식만으로 평생의 직업 활동을 안정적으로 유지하기 어려워질 가능성이 크다.

이러한 변화 속에서 대학의 역할은 재정의되어야 한다. 산업사회에서 대학이 기술자와 전문인 양성에 주력했다면 AI 시대의 대학은 불확실하고 빠르게 변화하는 환경에 유연하게 대응할 수 있는 인재를 길러내야 한다. 이를 위해 먼저, 교수자와 학습자의 관계부터 달라져야 한다. 과거에는 교수자가 지식을 전달하고, 학습자가 이를 수용하는 역할에 머물렀지만, 이제 학습자는 학습의 주체가 되어 스스로 탐구하고 문제를 해결하는 경험을 축적해야 한다. 교수자는 지식 전달자가 아니라 학습의 촉진자(facilitator)로서 학습자의 성장을 돕는 역할을 담당해야 한다.

또한 에듀테크(EduTech)의 발달로 교수자와 학습자, 학습자와 학습자 간의 상호작용은 디지털 환경으로 확장되고 있으며 가상현실(VR), 증강현실(AR), 메타버스(Metaverse) 등은 학습 경험의 폭을 넓히고 있다. AI를 기반으로 하는 교육 환경은 학습자 맞춤형 피드백(feedback), 인터랙티브(interactive) 학습, 시공간의 극복을 가능하게 하고 교수 · 학습 방법의 혁신을 촉진한다.

예를 들어 문제 중심 학습(problem-based learning)은 정답을 찾는 학습에서 벗어나 복잡하고 구조화되지 않은 문제를 창의적으로 해결할 수 있도록 이끈다. 팀 기반 학습(team-based learning)은 협업과 토론을 통해 비판적 사고력과 의사소통 능력을 강화한다. 프로젝트 학습(project-based learning)은 현실의 문제를 주제로 탐구와 실행, 평가 과정을 거치며 학습자의 종합적 사고를 촉진한다. 또한 블렌디드 러닝(blended learning)과 플립 러닝(flipped learning)은 학습자의 참여와 몰입을 높이고, 수업을 토론과 적용 중심으로 재구성하는 데 기여한다.

결국 AI 시대의 대학은 인간 중심의 새로운 가치를 창출하는 배움의 공간으로 거듭나야 한다. 교수자는 학습자 중심의 교육을 설계하여 학습자의 자기주도적 역량을 강화하고, 학습자는 디지털 환경 속에서 데이터를 비판적으로 이해하고 활용하는 능력을 길러야 한다. AI와 함께 발전하는 교육은 단순히 기술을 배우는 과정이 아니라 인간의 사고 능력과 가치 판단 능력을 동시에 기르는 과정이어야 한다. 따라서 대학은 급변하는 사회에서도 '인간 중심의 교육'이라는 본질을 지키는 동시에, 지식과 기술을 융합해 지속 가능한 사회 형성에 기여할 수 있는 인재를 양성해야 한다.

교양교육이 갖는 의미

대학 교육은 전공교육과 교양교육으로 구분되는데, 오랫동안 전공교육이 중심이 되었다. 그러나 AI 시대를 살아가기 위해서는 기술이나 전문 지식을 습득하는 것만으로는 충분하지 않다. 인간의 역할과 가치에 대한 성찰, 비판적 사고, 윤리적 판단이 함께 요구되기 때문이다. 이러한 점에서 교양교육의 중요성은 더욱 부각된다.

교양교육은 학생들이 다양한 학문 분야를 넘나들며 사고하고, 타인의 관점을 이해하며, 공동체의 문제를 함께 해결할 수 있는 능력을 기르도록 돕는다. 지식의 도구적 가치뿐만 아니라 사회적 · 윤리적 의미를 함께 탐구함으로써 학생이 전인(全人)으로 성장하도록 지원한다.

하버드대학교(Harvard University)는 교양교육을 학생들이 학교에서 배운 지식을 학교 밖의 삶과 연결하고, 복잡한 세계 속에서 자신의 역할을 이해하도록 돕는 교육으로 정의한다. 즉, 교양교육은 대학에서의 학문이 학생의 실제 삶과 사회 현실 속에서 어떻게 작동하는지 깨

닫게 하는 학습의 장(場)으로 기능한다는 것이다.

예일대학교(Yale University) 또한 교양교육의 핵심을 비판적 사고와 논리적인 글쓰기, 의사소통 능력에서 찾으며, 이러한 역량이 특정 직업을 넘어 모든 전문 영역의 토대가 됨을 강조한다. 미국대학협의회(Association of American Colleges & Universities, AAC&U)의 보고서에 따르면 특정 학문 분야의 전문 지식보다 여러 분야에 대한 폭넓은 이해와 통합적 사고, 그리고 비판적 사고력, 의사소통 능력, 문제해결 능력 같은 전이 가능한 역량이 장기적인 관점에서 더 중요하다(AAC&U, 2015).

기술의 발전이 사회를 빠르게 재편하고 있는 시대에는 여러 분야의 지식을 융합하고, 새로운 분야로 확장할 수 있는 인재가 필요하다. 이러한 인재는 끊임없이 배우고 익히기 때문에 변화에 유연하게 대처할 수 있다. 이제 대학은 이러한 변화의 흐름을 반영하여 교양교육의 방향성을 재정립해야 한다.

교양교육 목표 재설정

교양교육의 기원은 고대 그리스의 파이데이아(Paideia)에서 찾을 수 있다. 파이데이아는 서양 문명의 토대가 된 그리스의 교육 이념으로, 이성과 덕을 갖춘 조화로운 인간 형성을 지향했으며, 로마 시대를 거치며 자유인을 양성하기 위한 교육으로 발전하였다. 이후 문법·수사학·논리학의 3학(trivium)과 산술·기하·음악·천문학의 4과(quadrivium)로 체계화되어 자유 교양교육(liberal arts)의 기초를 이루었다.

르네상스와 계몽주의를 거치며 인간의 이성과 인문주의(Humanism)가 다시 강조되었고, 근대에는 독일의 빌둥(bildung)과 자유로운 학문 탐구가 교양교육의 핵심 가치로 자리 잡았다. 이러한 전통은 이후 미국의 대학에서 일반 교육(general education)으로 계승·발전되었다. 교양교육은 시대적 요구에 따라 변모해 왔지만 인간 중심의 교육이라는 전통은 변함없이 유지되었다.

근대 이후 교양교육의 영역에는 고전적 의미의 자유교육(liberal education)과 일반 교육이 함께 자리 잡게 되었다. 일반 교육은 본래 자유 교육의 실질적 내용이었던 자유 교양교육의 대상이 시민 전체로 확산되는 과정에서 등장한 개념으로, 자유 교육의 외연이 확대된 결과로 이해할 수 있다.

그렇다면 AI 시대 교양교육은 어떤 가치를 지향해야 하는가? "대학 교양기초교육의 표준 모델"은 교양교육을 다음과 같이 정의한다(한국교양기초교육원, 2022).

"교양기초교육은 대학 교육과 평생교육 전반에 요구되는 지식의 습득 및 자율적 학문 탐구 능력의 함양을 포함하여, 인간 · 사회 · 자연 · 예술에 대한 종합적 이해를 바탕으로 세계관과 가치관을 스스로 확립하는 데 기여하는 교육으로, 모든 학생에게 요구되는 보편적 · 통합적 자유 교육이다. 또한 초연결 · 초지능 사회, 다양한 위기의 지속이라는 새로운 시대상을 맞아 비판적 · 창의적 사고와 합리적 의사소통을 통해 민주주의 공동체의 문화적 삶을 주도할 수 있는 자질을 함양하는 교육이다."

또한 교양기초교육의 목표로 ① 인간과 세계에 대한 균형 잡힌 이해와 가치관의 정립, ② 학문 탐구를 위한 보편적 문해 능력의 함양, ③ 비판적 사고력과 합리적 의사소통 능력의 함양, ④ 융합적 사고와 창의적 문제해결 능력의 함양, ⑤ 공동체 의식과 시민 정신의 함양, ⑥ 심미적 공감 능력의 함양을 제시하고 있다(한국교양기초교육원, 2022).

그러나 표준 모델이 과학기술의 영향력 강화라는 시대적 변화를 전제하고 있지만 AI 기술이 학문과 일상 전반에 미치는 영향을 충분히 반영하지는 못하고 있다. 따라서 교양교육의 목표에 디지털 리터러시와 AI 리터러시 등 확장된 문해력이 명시적으로 포함될 필요가 있다.

또한 의사소통 능력 역시 디지털 매체와 AI 도구를 활용한 소통, 나아가 인간과 AI의 상호작용 능력까지 포괄하는 방향으로 재구성되어야 한다.

또한 디지털 사회의 구성원은 디지털 시민 의식을 갖추어야 하며, 이에 따라 교양교육은 디지털 윤리와 AI 윤리, 그리고 인간다움과 공감의 가치를 강조하는 인성교육을 더 비중 있게 다루어야 할 것이다. 결국 AI 시대 교양교육의 의미는 지식의 축적에 있는 것이 아니다. 인문 · 사회 · 과학 · 기술을 아우르는 융합적 사고와 윤리적 성찰, 자신의 삶을 주체적으로 영위하고 공동체적 책임을 실천할 수 있는 역량을 기르는 데 있다. 따라서 사회 변화를 반영하여 교양교육의 목표를 재설정하고, 교육 내용의 재구조화가 함께 이루어져야 한다.

참고문헌

한국교양기초교육원(2022). "대학 교양기초교육의 표준 모델". 한국교양기초교육원.

Arbesman, S.(2013). *The half-life of facts: why everything we know has an expiration date*. Current.

AAC&U(2015). Recent Trends in General Education Design, Learning Outcomes, and Teaching Approaches. Association of American Colleges & Universities.

Harvard University(n.d.). What is a 'liberal arts & sciences'

education?.
https://college.harvard.edu/resources/faq/what-liberal-arts-sciences-education
Schwab, K.(2016). The Fourth Industrial Revolution. World Economic Forum.
Yale University(n.d.). A Liberal Arts Education. https://admissions.yale.edu/liberal-arts-education

02
인간 vs AI

AI는 어떻게 발전해 왔을까? 인간이 잘하는 것과 AI가 잘하는 것은 어떻게 다를까? 이 장에서는 AI의 발전 과정을 간략히 살펴본 후, 인간과 AI의 학습 방식 및 강점의 차이를 비교하고, AI와 인간의 협업이 갖는 의미를 탐색한다.

노래하는 AI 보컬?

AI의 역사

AI는 인간의 지적 능력을 컴퓨터 시스템으로 구현하려는 기술, 그리고 그러한 연구를 포괄하는 학문 분야를 뜻한다. 이는 인간이나 동물이 지닌 자연 지능(natural intelligence)과 대비되는 개념으로, 인간의 사고, 학습, 추론, 언어 이해, 지각 등 인지 활동의 일부를 컴퓨터가 수행하도록 만드는 것을 목표로 한다.

AI의 개념은 20세기 중반 컴퓨터 과학의 발전과 함께 태동하였다. 1950년 영국의 수학자 앨런 튜링(Alan Turing)은 "계산 기계와 지능(Computing Machinery and Intelligence)"에서 '기계가 생각할 수 있는가?'라는 질문을 던지고, 이를 직접 정의하기보다 대화 행동을 통해 판단하는 '모방 게임(imitation game)'을 제안했다. 이 논의는 오늘날 '튜링 테스트(turing test)'로 널리 알려져 있다(김대수, 2020).

1956년 미국 다트머스 대학(Dartmouth College)에서 열린 '다트머스 여름 연구 프로젝트(Dartmouth Summer Research Project on Artificial Intelligence)'를 통해 '인공지능(Artificial Intelligence)'이라는 용어가 공식적으로 사용되었고, AI는 하나의 독립된 학문 영역으로 자리 잡기 시작했다. 이 프로젝트는 존 매카시(John McCarthy),

마빈 민스키(Marvin Minsky), 네이선 로체스터(Nathaniel Rochester), 클로드 섀넌(Claude Shannon) 등이 주도한 것으로 알려져 있다.

1960~1970년대의 초기 AI 연구는 주로 규칙 기반(rule-based) 접근에 의존하였다. 연구자들은 인간의 사고 과정을 논리 규칙으로 표현해 컴퓨터가 이를 처리하도록 시도했지만, 실제 세계의 복잡성과 불확실성을 충분히 다루는 데 한계가 있었다. 연산 자원의 제약과 데이터 부족으로 AI 연구는 여러 차례 정체를 겪었고, 이른바 'AI 겨울(AI Winter)'로 불리는 침체기를 경험하기도 했다.

1980년대에는 특정 분야의 전문 지식을 규칙으로 체계화한 전문가 시스템(expert system)이 등장하면서 AI가 다시 주목받았다. 의료 진단을 위한 마이신(MYCIN) 시스템은 이러한 흐름을 대표하는 사례로 언급된다. 그러나 전문가 시스템은 구축과 유지에 막대한 비용이 들고, 규칙을 지속적으로 갱신해야 한다는 구조적 한계를 가지고 있었다.

이후 1990년대에 들어 기계 학습(machine learning)이 부상하면서 AI는 또 다른 전환점을 맞는다. 기계 학습은 사람이 모든 규칙을 직접 입력하지 않더라도 대규모 데이터를 바탕으로 알고리즘이 패턴을 학습하게 하는 접근이다. 인터넷 확산과 데이터의 폭발적 증가, 컴퓨팅 성능 향상이 맞물리면서 이러한 방식은 빠르게 발전했다(Linwei et al., 2021).

특히 2010년대 이후 딥러닝(deep learning) 즉, 심층 신경망(deep neural network)의 발전은 AI 확산을 가속화했다. 2012년 이미지넷 대규모 시각 인식 경진대회(ILSVRC)에서 알렉스넷(AlexNet)이 압도적 성능을 보이며 딥러닝 기반 AI의 가능성을 본격적으로 입증했다. 알렉스넷은 알렉스 크리제브스키(Alex Krizhevsky)와 일리야 수츠케버(Ilya Sutskever), 그리고 지도교수였던 제프리 힌턴(Geoffrey Hinton) 연구진에 의해 개발된 모델로 알려져 있다.

이후 딥러닝은 음성 인식, 자연어 처리, 자율주행, 의료 진단 등 다양한 분야로 빠르게 확산되었다. 최근에는 생성형 AI(generative AI)가 등장하여 텍스트, 이미지, 음악, 코드 등을 만들어 내는 수준에 이르렀으며, 그 영향력은 인간의 창의적 활동 영역으로까지 확대되고 있다.

인간이 잘하는 것과 AI가 잘하는 것

인간이 잘하는 것과 AI가 잘하는 것은 무엇이 다를까? 인간과 AI의 학습 방식을 비교하면 각각의 강점과 한계를 보다 명확히 이해할 수 있다.

인간의 학습은 인지심리학적으로 볼 때 경험-기억-이해-적용이 순환적으로 이루어지는 과정이다. 인간은 정보를 그대로 축적하기보다 의미를 구성하고, 개념을 형성하며, 상황에 맞게 지식을 활용한다. 학습은 감각 경험에서 출발해 인지적으로 해석되고, 사회적 상호작용과 언어적 피드백을 통해 강화된다. 이러한 과정에는 동기, 주의 집중, 맥락 이해, 창의적 사고가 깊게 관여한다.

또한 인간은 제한된 정보 속에서도 전체적 구조를 유추하거나 불완전한 자료로부터 의미를 도출하는 능력을 지니고 있다. 예를 들어, 어린아이는 몇 번의 경험만으로 단어의 의미를 추측하고, 낯선 상황에서도 비교적 적절한 행동을 선택할 수 있다. 이는 인간의 뇌가 단순히 데이터를 저장하는 수준에 그치지 않고 패턴을 이해하고 재구성하기 때문이다. 이러한 능력은 인간이 창의적 활동을 수행할 수 있는 근원이 된다.

반면 AI의 학습은 데이터 중심의 통계적 학습에 기반한다. 기계 학습과 딥러닝은 대규모 데이터에서 입력과 출력 사이의 관계를 찾아내도록 설계되며, 확률적으로 가장 가능성 높은 결과를 산출한다. 이 과정에는 감정이나 의도가 개입하지 않으며, 학습 목표는 일반적으로 손실 함수(loss function)를 기준으로 오차를 최소화하는 데 있다. 모델은 매개변수(parameter)를 조정하며 예측 정확도를 높이고, 데이터가 많을수록 성능이 향상되는 경향을 보인다.

그러나 AI는 학습된 데이터의 범위를 벗어나는 상황에서는 오류를 일으키기 쉽고, 새로운 상황을 이해하기보다 학습된 패턴을 재현하는 방식으로 작동한다. 따라서 AI는 반복 계산, 수치 기반 의사 결정, 대량 데이터 처리 등에서는 인간보다 탁월하지만, 맥락적 판단이나 감정, 직관, 상황 이해가 필요한 영역에서는 한계를 드러낼 수 있다. 반대로 인간은 경험과 소통, 맥락 중심의 의미 이해, 창의적 사고, 윤리적 성찰에 상대적으로 강하다.

요컨대 인간과 AI의 학습은 상호보완적이라 할 수 있다. AI가 방대한 데이터를 빠르게 분석하면 인간은 그 결과를 맥락 속에서 해석하고 윤리적으로 판단하여 창의적으로 재구성할 수 있다. 이 결합이 가능해질 때 지식의 확장과 문제해결의 속도는 더욱 가속화될 것이다.

AI와 인간의 협업

산업 구조는 점차 인간과 AI의 협업 모델로 재편될 가능성이 크다. 기업은 생산성과 효율성을 높이기 위해 AI를 도입하지만, 인간의 창의적 사고와 종합적 판단이 결합되지 않으면 진정한 혁신으로 이어지기 어렵다. 예를 들어 AI가 소비자의 데이터를 분석해 트렌드(trend)를 예측하더라도 인간 디자이너가 그 결과를 감성적 · 사회문화적으로 재해석해야 새로운 가치가 창출될 수 있다.

다만 AI의 확산은 기술적 문제를 넘어 윤리적 문제를 동반할 수 있다는 점에 유의해야 한다. AI가 산출한 결과가 불완전하거나 편향될 수 있고, 그 결정 과정이 투명하게 설명되지 않을 수도 있기 때문이다. 따라서 기술 개발 단계에서부터 인간의 감시와 통제를 보장하는 '인간 중심 AI(human-centered AI)' 원칙이 적용되어야 한다.

결국 AI와 인간의 관계는 대체나 경쟁으로 설명되기보다 '공진화(co-evolution)'의 관점에서 이해될 필요가 있다. 인간은 기술에 종속되는 존재가 아니라 기술을 통해 자신의 인지적 · 사회적 역량을 확장할 수 있는 주체가 되어야 한다. 앞으로 AI와 인간의 협업은 선택이 아닌 필수 조건이 될 것이며, 그 방향은 인간의 존엄과 창의성을 강화하는 쪽으로 설정되어야 할 것이다.

참고문헌

김대수(2020). 《처음 만나는 인공지능》. 생능출판.

Linwei, H. et al.(2021). Supervised Machine Learning Techniques: An Overview with Applications to Banking. *International Statistical Review, 89*(3), pp.573~604. https://doi.org/10.1111/insr.12448

03
AI와 미래 역량

AI 시대의 도래는 교육의 가치와 목표를 재정의하도록 만들고 있다. 이제 지식을 '얼마나 아는가'보다 그 지식을 바탕으로 '무엇을 할 수 있는가'가 더 중요해졌다. 이러한 변화 속에서 미래 인재가 갖추어야 할 역량과 교육의 방향을 살펴본다.

인공지능과 편향?

역량과 핵심 역량

사회가 급변함에 따라 '무엇을 할 수 있는가'를 의미하는 역량의 개념이 강조되고 있으며, 교육의 중심도 지식 기반에서 역량 기반으로 옮겨가고 있다. 역량 개념의 이론적 토대를 마련한 맥클랜드(McClelland)는 역량을 업무 성과와 관련 있는 지식, 기술, 행동, 사고, 가치관, 동기 등과 같은 심리적이거나 행동적인 특성이라고 했다(McClelland, 1973).

OECD는 미래 사회에서 성공적인 삶을 살아가는 데 필요한 역량을 탐색하기 위해 '데세코 프로젝트(Definition and Selection of Competencies, DeSeCo)'를 추진했으며, 이 과정에서 핵심 역량(key competency)의 개념을 제시하였다(OECD, 2005). 핵심 역량은 특정 직업이나 특정 직무에 초점을 둔 역량과 구별되며, '무엇을 알아야 하는가(knowledge)'보다 '무엇을 할 수 있는가(competence)'에 초점을 맞춘 개념이다. OECD는 핵심 역량을 개인이 성공적인 삶을 살아가는 데 공통적으로 필요한 역량으로 보고 다음의 세 가지 차원으로 구분한다.

첫째, '상호작용적 도구 활용 능력(using tools interactively)'은 지식과 정보, 기술 활용 및 문해 능력을 포함한다. 둘째, '이질적 집단과의 상호작용 능력(interacting in heterogeneous groups)'은 다양한 집단에서의 대인 관계, 협업, 갈등 조정 및 집단 내에서의 기능을 의미한다. 셋째, '자율적 행위 능력(acting autonomously)'은 종합적 계획 수립 및 자기주도적 행동 등을 의미한다 (OECD, 2005).

한편 OECD는 2010년대 중반 이후 '교육 2030: 미래 교육과 역량'(The Future of Education and Skills: OECD Education 2030) 프로젝트를 추진하며, 2030년대를 살아갈 학생들이 개인으로서 그리고 사회 구성원으로서 웰빙(well-being)을 실현하는 데 필요한 역량을 논의했다. 이 과정에서 '변혁적 역량(transformative competencies)'으로서 새로운 가치를 창출하는 능력(creating new value), 긴장과 딜레마에 대처하는 능력(reconciling tensions and dilemmas), 책임 있게 행동하는 능력(taking responsibility)을 제시하였다(OECD, 2018).

요컨대 DeSeCo가 핵심 역량의 철학적 · 이론적 토대를 제공했다면 OECD Education 2030 프로젝트는 이를 기반으로 보다 구체적인 목표와 실행 전략을 제시한 모델로 평가할 수 있다. 두 논의는 지식 중심의 교육에서 벗어나 학습자가 자신의 삶과 사회의 미래를 주체적으로 설계할 수 있도록 교육 패러다임의 전환을 이끌었다는 점에서 의미가 있다.

미래 인재가 갖추어야 할 역량

미래 사회에서는 문제해결 능력과 인간 중심의 역량이 더욱 중요해질 것이다. 대표적으로 '4C'로 불리는 역량 틀은 변화의 시대에 요구되는 핵심 역량을 이해하는 데 유용하다. 4C는 창의성(creativity), 비판적 사고(critical thinking), 의사소통(communication), 협업(collaboration)으로 구성되며, 급변하는 환경에 적응하고 자기주도적으로 학습하는 능력과도 밀접하게 연결된다.

국내 연구에서는 학교 교육에서 길러야 할 미래 역량을 6C(1C+5C)로 제시하기도 한다. 6C는 개념적 지식(conceptual knowledge)을 중심으로 다섯 가지 역량을 기르는 것으로 형상화되며, 창의성(creativity), 비판적 사고(critical thinking), 컴퓨팅 사고(computational thinking), 융합 역량(convergence), 인성(character) 등이 포함된다(강정자, 2023).

개념적 지식은 특정 분야에 대한 깊이 있는 학습을 바탕으로 이를 다양한 문제해결에 적용할 수 있는 능력을 의미한다. 이는 단순한 정보 암기가 아닌, 근본적인 개념을 이해하고 실생활과 연결할 수 있는 사고력을 요구하는 것이다.

창의성은 기존의 아이디어를 조합하여 새로운 가치를 창출하고, 문제를 창의적인 방식으로 해결하는 능력이다. 창의성은 단순히 새로운 아이디어를 떠올리는 것뿐만 아니라 실현 가능한 해결책을 제시하고 실행하는 과정까지 포함한다.

비판적 사고는 정보를 객관적으로 분석하고 논리적으로 판단하는 역량이다. 특히 다양한 정보가 넘쳐나는 현대 사회에서 신뢰할 수 있는 정보를 선별하고 논리적으로 결론을 도출하는 능력은 더욱 강조된다.

컴퓨팅 사고는 논리적이고 체계적인 사고방식을 바탕으로 문제를 해결하는 능력으로 데이터 분석, 알고리즘 설계, 자동화 등의 개념과 연결된다. 이는 단순히 프로그래밍을 배우는 것을 넘어 문제해결을 위한 논리적 접근 방식을 익히는 것을 의미한다.

융합 역량은 다양한 분야의 지식을 결합하여 창의적인 해결책을 모색하는 능력이다. 단일 전공에 국한되지 않고 여러 학문과 실제 사례를 융합하여 문제를 해결할 수 있어야 하며, 협업과 소통 능력과도 맞물린다.

인성에는 공동체 의식, 책임감, 공감 능력 등과 같은 비인지적 역량이 포함된다. 기술이 발전하고 자동화가 확대될수록 인간만이 수행할 수 있는 윤리적 판단과 도덕성이 더욱 중요해지기 때문이다.

종합해 보면 AI 시대에는 변화하는 환경 속에서 깊이 사고하고 타인과 협력하며 새로운 가치를 창출할 수 있는 역량이 요구된다. 따라서 지식 중심이 아닌 역량 중심의 교육이야말로 미래 인재를 양성하기 위한 교육의 방향이라 할 수 있다.

질문하는 능력

AI는 인간이 정보를 활용하고 지식을 생산하는 방식에 근본적인 변화를 가져왔다. AI는 방대한 데이터를 분석하고, 인간이 미처 인식하지 못한 패턴을 찾아내며, 자연어를 이해하고 텍스트를 생성하는 수준으로까지 발전하였다. 이처럼 AI가 빠르게 진화하는 상황에서 인간이 반드시 지녀야 할 역량 중 하나는 바로 '질문하는 능력'이다.

생성형 AI의 등장으로 우리는 손쉽게 단순한 사실 정보를 확인하고 자료를 요약할 수 있게 되었다. 하지만 AI를 효과적으로 활용하기 위해서는 '어떻게' 묻는가가 결정적인 요소가 된다. 즉, 언어적 명령문인 프롬프트(prompt)를 설계하는 능력이 중요해진 것이다. 프롬프트가 구체적이고 논리적일수록 AI는 더 정교하고 의미 있는 답변을 생성하는 경향이 있다. 반대로 프롬프트의 내용이 모호하거나 질문이 피상적이면 부정확하거나 기대와 다른 결과가 도출되기도 한다.

질문하기는 문제해결의 접근 방식을 찾고 사고를 구조화하며 지식을 새롭게 구성하는 인지적 과정이다. 교육심리학자 장 피아제(Jean Piaget)는 학습을 '인지적 불균형(disequilibrium)을 해소하는 과정'으로 보았다. 아이들은 새로운 정보나 경험에 직면할 때 기존의 스키마(schema)만으로는 설명하기 어려운 인지적 불균형 상태에 놓이며 동화(assimilation)와 조절(accommodation)을 통해 새로운 이해에 도달하고 인지적 균형을 회복한다(Piaget, 1963). 이러한 불균형과 균형의 반복은 인지 발달을 촉진하는 원동력이 된다.

인간은 모순된 상황에 처하거나 의문이 생기면 사고를 확장하고 지식을 재구성한다. 이러한 관점에서 질문은 학습을 촉진하는 인지적 자극이자 비판적 사고의 출발점이라 할 수 있다. 결국 AI를 잘 다루는 능력은 비판적 사고 능력을 토대로 할 때 비로소 의미를 갖는다. 스스로 문제를 발견하고 질문을 던질 수 있는 능력은 인간이 AI와 구별되는 능력으로, AI가 제시한 결과를 비판적으로 해석하고 새로운 가능성을 탐색하게 만든다. 따라서 앞으로의 교육은 '정답을 찾는 교육'에서 '질문을 생성하는 교육'으로, '지식을 암기하는 인간'에서 '의미를 탐색하는 인간'으로 전환될 필요가 있다.

인성 교육을 통한 인간 중심의 역량 강화

AI 시대에는 기술이 대체할 수 없는 인간 고유의 능력을 강화해야 한다. 이를 위해 인간 중심의 역량 강화를 지향하는 인성 교육이 중요해진다. 인성은 동양에서는 인간 본연의 성질로 이해되기도 하고, 서양에서는 사회정서 역량(social-emotional competencies)으로 설명되기도 한다. 사회정서 역량은 자기 인식, 자기 관리, 사회적 인식, 관계 기술, 책임 있는 의사 결정 등의 요소로 구성되며, 이는 협력과 공존을 가능하게 하는 핵심 능력으로 작동한다.

기술과 효율이 우선시되는 사회일수록 인간이 도구화될 위험은 커진다. 따라서 인성 교육을 통해 인간의 존엄, 상호 존중, 배려와 협력의 가치를 회복하고, 기술 문명 속에서도 인간 중심의 사회를 지켜가야 한다. 나아가 인성 교육은 자기 이해와 정체성 확립을 돕는다. 즉, 자신의 감정과 가치관을 제대로 인식하고 변화하는 사회에서 주체적으로 살아가기 위한 기반으로서 인성 교육이 필요하다. 따라서 AI 시대의 인성 교육은 인간과 기술이 공존하는 사회를 위한 윤리적 토대를 강화하는 일이라 할 수 있다. 인성 · 지성 · 역량이 조화된 교육 즉, 지(知) · 덕(德) · 체(體)를 갖춘 전인 교육이야말로 AI 시대를 살아가는 우리에게 큰 힘이 될 것이다.

참고문헌

강정자(2023). "인재양성 정책 현황과 향후 추진방향". 《교육개발》, 겨울호, 22～27쪽.

McClelland, D. C.(1973). Testing for competence rather than for 'Intelligence'. *American Psychologist, 28*(1), pp.1～14.

OECD(2005). Definition and Selection of Key Competencies—Executive Summary. https://www.deseco.ch/bfs/deseco/en/index/02.parsys.43469.downloadList.2296.DownloadFile.tmp/2005.dskcexecutivesummary.en.pdf

OECD(2018). The Future of Education and Skills: Education 2030. OECD Publishing. https://www.oecd.org/content/dam/oecd/en/publications/reports/2018/06/the-future-of-education-and-skills_5424dd26/54ac7020-en.pdf

Piaget, J.(1963). *The Origins of intelligence in children.* Norton.

04
AI 기반 융합교육

디지털 기술의 발전은 학문 간 경계를 허물고, 융합을 통해 새로운 지식과 가치를 창출하는 방향으로 나아가도록 요구한다. 이러한 흐름 속에서 교양교육이 추구해야 할 AI 기반 융합교육의 방향과 의미를 살펴본다.

청각장애인과 AI?

학문 간 경계 허물기

디지털 전환(digital transformation)의 시대에 인공지능, 빅데이터, 사물인터넷, 블록체인 등 첨단 기술이 산업과 사회 전반으로 빠르게 확산되고 있다. 이 과정에서 지식 생산의 방식 또한 근본적으로 바뀌고 있다. 과거에는 개별 학문 분야의 심화와 축적을 중심으로 학문이 발전해 왔다면, 오늘날의 지식은 데이터와 정보의 네트워크 속에서 협력과 공유를 통해 생성 · 확장되는 성격이 강하다.

AI 기술 자체도 컴퓨터공학에만 국한되지 않는다. AI는 수학(선형대수, 최적화), 통계학(추정, 검정), 언어학(통사, 의미), 인지심리학(학습, 판단), 철학(지식, 가치, 책임), 예술(창작, 표현)의 요소가 결합된 학제 간 연구의 산물이다. 특히 최근 생성형 AI의 급속한 확산은 기술이 사회에서 어떤 의미를 갖는지, 어떤 부작용과 쟁점을 낳는지에 관한 질문을 함께 제기한다. 이는 곧 학문 간 경계가 허물어지는 현상이 대학 교육 내부에서 이미 현실이 되었음을 보여 준다.

이러한 변화 속에서 교육부는 "2024년 대학혁신지원사업 및 국립대학 육성사업 기본 계획"을 발표하며 학생의 전공 선택권 확대와 교육 혁신을 강조했다(교육부,

2024). 이에 따라 대학은 모집단위 개편, 복수 · 다전공 제도 확대, 진로 탐색 교과 및 비교과 프로그램 신설 등을 모색하고 있다.

교양교육은 본래 특정 전공 분야의 전문 지식을 습득하는 데 목적이 있는 것이 아니라 인간과 사회, 문화와 자연에 대한 폭넓은 이해를 바탕으로 비판적 사고와 문제해결 능력을 기르는 데 그 의의가 있다. 따라서 학문 간 경계를 허무는 융합교육은 교양교육의 차원에서 충분히 구현할 수 있다. 여기서 중요한 점은 단순히 두 학문을 결합하는 수준을 뛰어넘어 각 학문이 요구하는 지식, 기능, 태도를 재구성해 새로운 형태로 설계하고 구현해야 한다는 것이다.

예를 들어 '기후 위기'는 환경과학(원인 · 현상)만으로 다룰 수 없고, 데이터과학(예측 · 모형화), 경제학(정책 설계), 정치학(거버넌스), 윤리학(세대 간 정의), 커뮤니케이션(대중 설득)까지 포함하는 복합적 접근을 요구한다. 교양교육이 이러한 문제를 다룰 때, 학습자는 단지 지식을 습득하는 것에서 그치는 것이 아니라 복잡한 사회 문제를 구조적으로 이해하고 공동의 해결 방안을 설계하는 경험을 하게 된다. 이러한 융합적 접근은 복잡한 문제를 창의적으로 해결하는 능력, 협업을 통한 통합적 사고 능력, 기술 활용에 대한 사회적 책임을 성찰하는 태도도 함께 길러줄 것이다.

SW·AI 교양교육

"대학 교양기초교육의 표준 모델"은 정보 문해 교육의 중요성을 강조하며, SW · AI 관련 교육을 그 핵심으로 하여 교육의 방향을 제시한다. 정보 문해 교육의 목표는 소프트웨어, 수리 · 통계, 과학교육을 통해 자연, 기술 문명과 관련된 자료를 해석하고 활용하는 능력을 기르는 데 있다(한국교양기초교육원, 2022). 오늘날 정보 문해는 단순히 '컴퓨터를 다룰 줄 아는 능력'이 아니라 데이터를 이해하고 도구를 선택하며 결과를 비판적으로 해석하는 능력까지 포괄한다. 예컨대 언론 기사 속 그래프를 읽고 통계적 함정을 구분하는 역량, 자동 추천 알고리즘이 개인의 선택에 미치는 영향을 이해하는 역량, 생성형 AI의 답변을 그대로 신뢰하지 않고 근거와 한계를 점검하는 역량은 모두 정보 문해의 범주에 포함될 수 있다.

정보 문해 교육은 2006년 컴퓨터 과학자 지넷 윙(Jeannette M. Wing)이 제시한 컴퓨팅 사고(computational thinking) 개념과도 밀접하게 연관된다. 윙은 컴퓨팅 사고를 컴퓨터 과학의 핵심 개념을 바탕으로 문제를 해결하고, 시스템을 설계하며, 인간 행동을 이해하는 사고방식으로 설명하였다(Wing, 2006).

예를 들어 교양 수업에서 '대중교통 지연을 줄이는 방법'을 주제로 다룬다면 문제를 구성 요소로 분해하고, 필요한 데이터를 정의하며, 규칙과 예외를 설계하고, 결과를 검증하는 과정 자체가 컴퓨팅 사고의 적용이 될 수 있다. 이는 특정 프로그래밍 언어를 배우는 수업과는 달리, 프로그래밍을 가능하게 하는 사고의 틀을 제공한다는 점에서 교양교육으로서의 의미를 갖는다.

현재 많은 대학에서 SW · AI 관련 교과목을 교양 필수 또는 핵심 교양으로 개설하고 있으며, 과거의 컴퓨터 활용 중심 과목에서 'AI의 이해', 'AI 기초', 'AI 프로그래밍' 등으로 내용이 확장되고 있다. 학생들은 기계 학습, 딥러닝, 지도 학습과 비지도 학습의 원리를 학습하고, 스크래치(Scratch)나 파이선(Python) 등을 활용해 기초 실습을 수행하기도 한다.

예를 들어 인문계열 학생도 파이선 기반의 간단한 텍스트 분석(단어 빈도, 감성 분석 등)을 수행함으로써 뉴스 기사나 온라인 댓글의 담론을 데이터로 읽을 수 있다. 또한 이공계열 학생에게는 단순 모델을 만들고 성능을 비교해 보는 활동을 통해 '정확도가 높으면 좋은가?', '데이터가 바뀌면 결과는 어떻게 변하는가?'와 같은 해석과 검증의 관점을 강조할 수 있다.

그러나 이러한 기술 중심의 접근만으로는 충분하지 않다. AI에 대한 지식과 활용 능력을 배양하는 동시에 AI의 사회적 의미와 윤리적 성찰을 포함하는 융합형 교육이 필요하다. 따라서 AI의 기본 개념에 해당하는 'AI 이해', AI가 어떻게 작동하는지에 해당하는 'AI 작동 원리', AI를 학업, 일상, 업무 등에 적용하도록 하는 'AI 활용', 결과의 한계, 편향, 책임을 성찰하는 'AI 윤리' 등을 학습 요소로 균형 있게 포함할 필요가 있다. 또한 학습자의 수준과 요구를 고려하여 'AI 활용' 영역에는 수학이나 통계, 컴퓨터 프로그래밍 관련 학습 요소를 단계적으로 추가해 교과를 설계할 수 있을 것이다(김양희, 2022).

AI와 다양한 학문 영역의 융합

AI는 컴퓨터 과학의 한 분야이지만 동시에 인문학, 사회과학, 예술 등 다양한 분야와 융합될 수 있다. 따라서 AI 관련 교양교육은 학생들이 AI의 기본 원리를 이해하고 이를 전공 분야나 실생활의 문제로 확장하고 연계할 수 있도록 설계해야 한다. 최근 대학 현장에서는 'AI+전공' 또는 '전공+AI' 형태의 융합 강좌를 통해 전공 지식을 재해석하는 시도가 늘고 있는데, 이는 교양교육에서도 의미 있게 적용할 수 있다.

인문학과 AI의 만남은 인간 중심의 사고를 회복하고, 기술 발전 속에서 인간의 존엄과 가치를 재조명하는 역할을 한다. 철학은 'AI의 판단에 대해 책임을 질 수 있는가', '설명 가능성은 왜 중요한가'와 같은 물음을 통해 기술의 전제와 한계를 드러낸다. 언어학은 AI 언어 모델이 텍스트를 처리하는 방식(의미, 문맥, 담화)을 이해하는 데 기초를 제공할 수 있다. 또한 디지털 인문학은 빅데이터와 AI를 활용해 고전 문헌, 신문 아카이브(archive), 문화유산 자료 등을 새롭게 분석함으로써 연구 패러다임을 확장한다. 예를 들어 방대한 문학 텍스트에서 시대별 주제어의 변화를 추적하거나 역사 기록에 나타난 특정 표현의 빈도를 분석하여 인식의 변화를 해석하는 방식은 전통적 인문학의 질문을 데이터 기반으로 재구성하는 사례가 될 수 있다.

사회과학 분야에서도 AI가 사회 현상을 분석하고 예측하는 도구로 활용될 수 있다. 데이터 분석을 통해 여론의 흐름을 읽거나 정책의 효과를 평가하고, 사회 문제의 원인과 결과를 모델링할 수 있다. 예를 들어 온라인 공간에서 확산되는 혐오 표현이나 가짜정보의 양상을 데이터로 분석하는 활동은 사회 문제를 '감정적 논쟁'이 아니라 '구조적 현상'으로 바라보게 하며, 동시에 표현의 자유, 검열, 플랫폼 책임 등 복합적인 쟁점을 함께 검토하도록 이끈다. 이러한 융합교육은 데이터 활용 역량뿐만 아니라 사회적 책임 의식, 비판적 사고, 윤리적 판단 능력까지 함께 배양한다. 특히 교양교육에서는 '분석 결과를 어떻게 해석할 것인가'와 '그 해석이 사회에 어떤 영향을 미치는가'를 동시에 다룰 때 교육적 효과는 더 커질 것이다.

예술 분야에서도 AI와의 협업을 통해 창작의 새로운 흐름이 형성되고 있다. AI가 생성한 이미지나 음악, 영상 등은 인간의 감성과 알고리즘이 결합된 새로운 창작 경험을 제공한다. 예를 들어 학생들이 생성형 이미지 도구를 활용해 다양한 스타일로 표현한 후 결과를 비교·평가하는 활동은 '창의성은 무엇인가', '작품의 저자는 누구인가', '학습 데이터에 포함된 원작자의 권리는 어떻게 보호되는가' 같은 질문으로 확장될 수 있다. 이는 곧 예술 교육이 기술의 활용과 미학적 성찰, 윤리적 쟁점을 함께 다루는 장(場)으로 변모하고 있음을 시사한다.

교양교육의 주요 영역인 자연과학, 기술, 인간, 사회, 문화 등과 AI를 연계하면 새로운 학문적 탐구 가능성을 열 수 있다. 'AI+X' 또는 'X+AI' 형태의 융합 교과목은 인간과 사회의 본질을 탐구하고 기술의 의미를 성찰하는 교양교육의 새로운 모델이 될 수 있다. 특히 이러한 교과는 단순한 도구 교육이 아니라 학생들이 AI를 활용해 문제를 분석하고 해결하되 그 과정에서 발생하는 가치와 책임의 문제를 함께 다루도록 설계되어야 한다.

AI 융합 교양교육은 기술적 이해와 활용 능력에 더해 인문학적 통찰, 윤리적 사고, 사회적 책임을 포괄하는 미래형 교육으로 발전해야 한다. 대학은 이를 통해 학생들이 인간과 사회의 복잡한 문제를 분석하고 해결할 수 있는 통찰력과 창의성을 갖춘 인재로 성장하도록 이끌어야 한다.

참고문헌

교육부(2024.1.31). "2024년 대학혁신지원사업 및 국립대학 육성사업 기본계획". 교육부.

김양희(2022). "인공지능 리터러시 함양을 위한 교양 프로그램 지식체계 설계". 한국방송통신대학교 대학원 이러닝학과 석사학위논문.

한국교양기초교육원(2022). "대학 교양기초교육의 표준 모델". 한국교양기초교육원.

Wing, J. M.(2006). Computational thinking. *Communications of the ACM, 49*(3), pp.33~35.

05
미네르바 대학

미국의 미네르바 대학(Minerva University)은 전통적인 대학 교육의 틀을 혁신적으로 재구성한 사례로 주목받고 있다. 역량 중심의 융복합 교육 모델을 실천하고 있는 미네르바의 사례를 통해 배움의 본질을 생각해 본다.

AI 콘텐츠 크리에이터?

새로운 고등 교육의 방향

21세기는 '무엇을 알고 있는가'보다 '무엇을 생각하고, 적용하고, 실행할 수 있는가'가 개인과 조직의 경쟁력을 좌우하는 시대다. 기술이 빠르게 진화함에 따라 학교에서 배운 지식이 불과 몇 년 뒤에는 새로운 도구와 방법에 의해 대체될 수도 있고, 기존의 방식이 더 이상 유효하지 않을 수도 있다. 따라서 대학 교육은 학습자가 스스로 배우고(learning to learn), 문제를 정의하고, 근거를 통해 판단하며, 공동의 해결책을 설계하는 역량을 기르는 방향으로 재구조화될 필요가 있다.

이러한 문제의식에서 출발해 미래형 고등 교육의 모델로 자주 언급되는 사례가 미네르바 대학(Minerva University)이다. 미네르바를 주목해야 하는 이유는 단지 온라인 중심으로 강의를 운영하기 때문이 아니다. 중요한 것은 세미나형 상호작용과 역량 기반 평가에 초점을 두어 학습 경험 자체를 재설계했다는 점이다. 다시 말해 미네르바는 기술을 앞세운 대학이라기보다 교육의 목표와 방법, 평가를 역량 중심으로 통합한 새로운 교육 모델이라 할 수 있다.

미네르바는 2012년 실리콘밸리(Silicon Valley)의 벤처 지원으로 설립되어 미네르바 스쿨(Minerva School)

로 운영되다가 2021년 서부대학협의회(WASC Senior College and University Commission)로부터 인가를 받아 미네르바 대학 체제로 전환되었다. 미네르바는 창립자 벤 넬슨(Ben Nelson)의 '21세기형 자유교양대학'의 비전 아래 시작되어, 학부 교육은 2014년 첫 신입생 선발 이후 독특한 교육 방식으로 전 세계의 주목을 받았다. 또한 미네르바는 WURI(World's Universities with Real Impact) 랭킹에서 2022년 '세계에서 가장 혁신적인 대학' 1위에 선정되었으며, 이후에도 상위권을 유지하며 혁신 대학의 사례로 회자된다.

그러나 미네르바를 단순히 새로운 기술을 교육에 도입한 대학으로만 이해해서는 안 된다. 미네르바는 학습자 중심의 교육, 학문 간의 융합, 글로벌 체험형 교육과정을 결합해 배움의 방식 그 자체를 전환했다는 점에 주목해야 한다. 교수는 지식을 일방적으로 전달하는 존재가 아니라 학생이 스스로 질문하고 토론하며 자신의 학습 과정을 설계하도록 돕는 학습의 촉진자로 기능한다. 학생 또한 이러한 환경에서 '지식 수용자'가 아니라 근거를 수집하고 판단을 구성하며 결과를 공유하는 '지식 생산자'로 성장한다. 이는 단지 구성원의 역할이 바뀐 것을 의미하는 것이 아니라 학습의 책임이 교수의 지식 전달에 있던 구조에서 학생의 사고 과정으로 이동한다는 점에서 교육 패러다임의 전환을 시사한다.

이러한 관점에서 미네르바는 학문을 탐구하는 대학이라기보다 지식과 지혜를 실제 맥락에 적용해 보는 교육 실험실에 가깝다고도 볼 수 있다. 학생들은 여러 글로벌 도시를 순환하며 학습하는 동안 실제 사회에서 마주치는 문제를 관찰하고 분석한다. 어떤 도시에서는 도시 교통이나 주거 문제를 사례로 정책적 대안을 제안하고, 다른 도시에서는 문화적 차이가 협업과 의사소통에 미치는 영향을 반성적으로 점검하는 방식으로 학습 맥락이 확장될 수 있다. 그 결과, 학습은 단순한 지식 습득이 아니라 사회적 실천과 성찰로 이어진다. 이러한 교육 모델은 AI 시대에 요구되는 인간 중심 역량 교육을 구현하려는 시도로 평가될 수 있다.

역량 중심의 융복합 교양교육 과정

미네르바의 교육은 '지식 습득'이 아니라 '사고의 훈련'에 중점을 두고 있다. 디지털 시대에는 특정 지식의 유효기간이 짧아지고, 암기한 정보로는 경쟁력을 갖추기 어렵다. 중요한 것은 끊임없이 배우고 재구성할 수 있는 학습 역량이며, 미네르바는 이러한 능력을 체계적으로 키울 수 있도록 교육과정을 설계했다. 또한 학습 성과를 점수로 환원하기보다 역량의 성장 과정을 추적하고 피드백하는 구조를 강조함으로써 학습이 단기간의 성취가 아니라 지속적인 훈련이 되도록 한다.

미네르바 대학은 네 가지 핵심 역량(core competencies)을 중심으로 모든 교과를 운영하는 것으로 알려져 있다. 첫째, 비판적 사고(critical thinking)는 복잡한 문제를 논리적으로 분석하고 판단하는 능력이다. 둘째, 창의적 사고(creative thinking)는 기존의 틀을 넘어 새로운 해결책을 탐색하는 능력을 의미한다. 셋째, 효과적 의사소통(effective communication)은 다양한 상황에서 명확하고 설득력 있게 사고를 표현하는 능력이다. 넷째, 효율적 상호작용(effective interaction)은 협업과 문화적 이해를 바탕으로 사회적 관계를 형성하는 능력을 가리킨다.

이 역량들은 특정 개별 교과에만 국한되지 않고 수업 활동과 프로젝트 활동 전반에서 반복적으로 훈련된다. 예를 들어 인문학 세미나에서는 텍스트를 읽고 해석하는 데 그치지 않고, 서로 다른 해석의 근거를 비교하고 비판하며 토론 구조를 설계하는 방식으로 비판적 사고와 의사소통 역량을 발전시킬 수 있다. 과학 탐구나 사회

과학 프로젝트에서는 '가설 설정-자료 수집-분석-해석-제안'의 단계를 거치면서 창의적 문제해결과 협업 역량을 동시에 평가할 수 있다. 중요한 점은 하나의 과목 안에서도 여러 역량이 교차하여 작동하도록 설계하여 학생들이 자신만의 사고 체계를 구조화하도록 돕는다는 데 있다.

또한 미네르바는 전통적인 학과 체계처럼 전공 간의 경계를 고정하기보다 융복합 교육과정을 바탕으로 학생이 자신의 관심과 목표에 맞춰 학습 경로를 설계하도록 한다. 이러한 구조 속에서 학생들은 예술 및 인문학, 컴퓨터 과학, 자연과학, 사회과학, 경영학 등으로 구성된 전공 틀을 기반으로 하되, 필수 핵심 과목과 집중 분야(concentration)를 조합하여 전공 과정을 유연하게 심화 · 확장해 나간다.

미네르바는 1~2학년 과정에서는 인문 · 사회 · 자연과학을 통합한 '기초 학문 통합 과정(Foundation Year Program)'을 통해 폭넓은 시야를 갖추도록 하고, 3~4학년이 되면 관심 분야를 기반으로 '개별 전공 설계(Concentration Design)'를 진행하도록 한다. 학년별 교육은 '역량 기반 훈련 → 전공 설계 → 심화 집중 → 성과 종합'의 흐름으로 구성된다.

1학년 과정인 코너스톤(cornerstone)은 비판적 사고, 창의적 사고, 효과적 의사소통, 효과적 상호작용의 네 가지 핵심 역량을 여러 학문 주제에 적용하며 훈련하는 과정이다. 2학년이 되면 전공 분야의 핵심 과목을 수강하며 진로 방향을 구체화하고, 전공 내 집중 분야를 고려해 학습 경로를 설계한다. 3학년에는 집중 분야를 선택해 전문성을 심화하고, 캡스톤 프로젝트(capstone project)를 시작해 연구 · 실무 경험을 축적한다. 4학년에는 캡스톤을 완성해 배운 지식과 역량을 통합된 결과물로 구현하고, 튜토리얼(tutorial)이나 인턴십(internship)을 통해 지식과 경험의 깊이를 더한다.

이러한 학생 주도형 전공 설계는 학문적 자율성을 높이는 동시에 학습 결과를 사회적 맥락에 적용하는 능력을 길러줄 수 있다. 요컨대 미네르바 사례가 주는 시사점은 교양과 전공 간의 형식적 구분을 강화하기보다 학습자에게 필요한 핵심 역량을 중심으로 학문 내용을 통합적으로 조직할 수 있다는 점이다.

디지털 기반의 문제 중심 학습

미네르바 대학의 또 다른 특징은 전통적 의미의 물리적 캠퍼스가 없다는 것이다. 학생들은 4년 동안 샌프란시스코(San Francisco), 서울, 베를린(Berlin), 부에노스아이레스(Buenos Aires), 하이데라바드(Hyderabad), 런던(London), 타이베이(Taipei) 등 7개 도시를 순환하며 학습한다. 각 도시에서 지역 사회와 연계된 프로젝트를 수행하고, 현지 전문가나 시민 단체와 협력하며 문화적 다양성과 실제 맥락의 과제를 경험한다. 이를 통해 학생들은 서로 다른 가치관과 의사소통 방식이 협업에 미치는 영향을 체감하고, 상호 문화적 역량을 실제 상황에서 훈련하게 된다. 학생들은 도시 환경이나 청년 고용과 같이 동일한 문제를 다루더라도 각 도시의 제도와 문화, 자원 등의 조건이 달라지면 해법도 달라질 수 있다는 점을 파악하게 될 것이다.

수업 운영 방식에서도 미네르바는 강의 중심의 전달식 수업과는 다른 모델을 취한다. 모든 수업은 실시간 온라인 세미나 형식으로 진행되며, 자체 플랫폼(Active Learning Forum)을 통해 발표와 토론이 이루어진다. 교수자는 강의 내용을 설명하기보다 질문과 피드백을 통해 학생들의 사고 과정을 촉진하며, 수업 중 학생의 발언과 논증 구조, 협업 태도 등이 실시간으로 관찰되고 평가된다. 이러한 방식은 학습자의 수업 참여를 높이고 몰입도를 극대화하며 학습 과정을 중심으로 평가한다는 점에서 교육적 의의가 있다(이혜정 외, 2019).

또한 수업은 문제 중심의 프로젝트 기반 학습으로 구성되어 학습이 강의실 안에서 끝나지 않고 실제 삶의 맥락으로 확장된다. 학생들은 지역 사회, 기업, 정부가 고민하고 있는 이슈를 탐구하면서 문제를 구조화하고, 이해관계를 분석하며, 대안을 제안하는 활동을 수행한다. 이는 문제해결 과정 속에서 융합적 사고와 실천 역량을 습득하도록 하는 방식이다.

미네르바의 교육 실험은 고등 교육이 나아가야 할 방향에 대해 하나의 정답을 제시하지는 않는다. 다만 고등교육에서 지금까지 치중해 왔던 지식 전달 중심 교육의 한계를 인정하고 역량 중심 교육, 학습자 중심 수업, 현장 연계 학습으로 전환하기 위해 어떤 교육적 설계 요소가 필요한지 보여 주는 사례라 할 수 있다. 이런 점에서 미네르바 대학의 운영 방식은 고등 교육이 나아갈 방향을 제시하는 살아 있는 모델이라 할 수 있다.

참고문헌

이혜정 외(2019). "4차 산업혁명 시대 대학 교육 혁신 방안 탐색: 미네르바스쿨 사례를 중심으로". 《평생학습사회》, 15(2), 59~84쪽.

Minerva University. https://www.minerva.edu/

World University Rankings for Innovation.
https://www.wuri.world

06
디지털 리터러시와 AI 리터러시

리터러시(literacy)의 개념은 시대와 소통 환경의 변화에 따라 확장되어 왔다. 디지털 기술과 AI의 발전에 따라 새롭게 정의되는 리터러시를 살펴본다.

AI와 민주주의?

전통적 리터러시의 의미

리터러시(literacy)의 전통적인 의미는 읽기와 쓰기, 즉 문자 언어로 기록된 정보를 이해하고 표현하는 능력이다. 이는 지식을 습득하고, 타인과 소통하며, 문명사회를 형성하는 기본적인 능력으로 여겨져 왔다. 문자 해독 능력은 교육 수준의 지표이자 사회 참여 활동의 기초로 간주되었고, 이를 통해 개인은 공동체의 일원으로 성장할 수 있었다.

이 시기의 리터러시는 인쇄 매체 중심의 문화 속에서 발전했다. 책, 신문, 공문서 등과 같은 텍스트를 정확하게 읽고 쓸 수 있는 능력이 교양의 상징이었으며, 교육의 주된 목표는 어휘와 문법 지식을 습득하여 비판적으로 읽고 논리적으로 글을 쓰는 방법을 익히는 것이었다. 즉, 전통적 리터러시는 합리적 사고와 논리적 표현을 가능하게 하는 인지 능력으로 이해할 수 있다.

또한 리터러시는 단지 개인의 기술이 아니라 '읽기와 쓰기에 대한 사회적 실천이자 관습'으로, 사회문화적 맥락 속에서 형성되는 사회적 행위다(Street, 1984). 따라서 리터러시는 고정된 개념이 아니라 매체 환경의 변화에 따라 새롭게 정의되며 확장되는 개념이라 할 수 있다.

디지털 리터러시

인터넷과 디지털 기술의 확산은 리터러시의 개념을 근본적으로 재구성했다. 디지털 리터러시(digital literacy)는 디지털 환경에서 정보를 탐색하고, 비판적으로 분석하며, 창의적으로 활용하는 능력을 의미한다. 길스터(Gilster)는 디지털 리터러시를 '컴퓨터를 통해 구현되는 다양한 형태의 정보를 이해하고 활용하는 능력'으로 정의하며, 정보의 진위와 가치를 판단하는 비판적 사고를 강조하였다(Gilster, 1997).

한국교육과정평가원의 연구보고서에 따르면 디지털 리터러시는 '디지털 환경에서 학습자가 주도적으로 기술을 이해하고 사용하며, 정보를 탐색 · 활용하고, 비판적으로 분석 · 평가하며, 생산적으로 소통 · 창조하는 복합적 역량'을 뜻한다. 따라서 디지털 리터러시는 디지털 환경에서 기술을 활용해 정보를 수집 · 평가 · 생산하며, 다양한 방식으로 소통하는 능력이라 할 수 있다.

영국의 고등 교육 정보시스템 위원회(Joint Information Systems Committee)는 현대 사회가 요구하는 디지털 활용 역량을 다음의 여섯 가지 요소로 구분하여 제시한다. 첫째, 기술 숙련은 다양한 디지털 도구와 기술을 효율적으로 사용하는 능력이다. 둘째, 정보 · 미디어 리터러시는 신뢰할 수 있는 정보를 탐색 · 분석 · 활용하는 능력이다. 셋째, 창작 · 문제해결은 디지털 자원을 활용해 새로운 콘텐츠를 제작하고 문제를 해결하는 역량이다. 넷째, 소통 · 참여는 온라인 공간에서 타인과 협력하고 사회적 관계를 형성하는 능력이다. 다섯째, 학습 · 발전은 지속적인 자기주도 학습을 통해 역량을 확장하는 태도다. 마지막으로 정체성 · 안전 · 웰빙은 디지털 환경에서 윤리적 행동과 안전한 사용을 실천하는 능력을 의미한다.

유네스코(United Nations Educational, Scientific and Cultural Organization, UNESCO)에서는 디지털 리터러시를 디지털 환경에서 정보에 접근하여 이해하며, 공유하고 생성하는 역량, 디지털 기술을 활용해 학습하고 일하며 사회에 참여하는 역량, 더 나아가 디지털 공간에서의 타인에 대한 이해와 포용, 사회적 책임을 바탕으로 능력을 배양하는 것이라고 설명한다(UNESCO, 2022). 이를 통해 유네스코에서도 지식(knowledge), 기술(skills), 태도(attitudes)의 통합을 강조하며 디지털 리터러시를 개인과 사회의 지속 가능한 성장과 평등한 참여를 위한 역량 체계로 바라본다는 것을 알 수 있다.

정보의 양이 폭증하고 매체 환경이 다양해짐에 따라

디지털 리터러시는 비판적 사고와 윤리적 판단, 문제해결 능력을 포함하는 종합적인 역량으로 자리 잡았다. 디지털 리터러시는 디지털 환경에서 학습과 업무, 사회 참여가 이루어지는 현대 사회에서 자기계발과 사회적 참여를 위한 필수적인 능력이라 할 수 있다.

AI 리터러시

AI는 인간의 사고와 판단, 학습 방식 등을 근본적으로 변화시키고 있다. 우리는 이미 정보 검색, 외국어 번역과 작문 등에 AI를 활용하고 있다. 이와 같은 환경에서 AI를 이해하고 비판적으로 활용하는 능력을 의미하는 AI 리터러시의 개념이 중요하게 논의되고 있다.

AI 리터러시와 관련된 초기 연구에서는 AI 리터러시를 다양한 제품과 서비스에서 AI 이면의 기본 기술과 개념을 이해하는 능력으로 정의한다(Kandlhofer et al., 2016). 이후 연구가 확장되면서 AI 리터러시는 AI 기술을 비판적으로 평가하고, AI와 효과적으로 의사소통하고 협력하며, AI를 온라인, 가정 및 직장에서 도구로 사용할 수 있는 일련의 능력으로 보다 구체화된다(Long & Magerko, 2020).

AI 리터러시는 단순히 AI의 원리와 구조를 이해하는

기술적 지식을 뜻하는 것이 아니다. 그보다는 AI가 사회, 경제, 문화 등의 다양한 영역에 미치는 영향을 이해하고, 공동체의 가치에 부합하도록 책임 있게 활용하고 평가할 수 있는 포괄적 역량을 뜻한다. 즉, 'AI를 어떻게 사용하는가'뿐만 아니라 'AI를 왜, 언제, 어떤 목적을 위해 사용하는가'를 성찰하는 비판적 사고를 요구하는 것이다.

AI 리터러시는 다음과 같은 능력으로 구성될 수 있다. 첫째, 다양한 형태의 AI가 어떻게 작동하는지를 기본적으로 이해하고, 서로 다른 유형의 AI를 구분할 수 있어야 한다. 둘째, AI의 강점과 약점, 한계를 식별하고 이를 비판적으로 분석할 수 있는 능력이 필요하다. 셋째, AI 학습의 기본 원리를 이해해야 하며, AI가 생성한 정보를 비판적으로 평가하고 그 결과를 업무나 일상에서 적절히 활용할 수 있어야 한다. 마지막으로, 명확한 프롬프트를 작성하여 AI와 상호작용할 수 있는 역량도 필요하다.

이처럼 AI 리터러시는 기술적 이해, 비판적 사고, 윤리적 인식, 실질적 활용 능력을 포괄하는 통합적 역량 체계로서, AI가 사회 전반에 깊숙이 작용하고 있는 오늘날 시민이 갖추어야 할 기본 소양이라 할 수 있다. 결국 AI 리터러시는 AI와 함께 인간답게 살아가기 위한 지적·윤리적·창의적 역량을 의미하는 것이다. 기술이 빠르게 진화할수록 인간이 중심에 서서 기술을 성찰하고 책임 있게 활용하는 능력은 더욱 중요해진다. 따라서 AI 리터러시는 미래 사회에서 인간의 존엄과 가치를 지키는 핵심 교양이라 할 수 있다.

참고문헌

노은희 외(2018). "교과 교육에서의 디지털 리터러시 교육 실태 분석 및 개선 방안 연구". 한국교육과정평가원.

Gilster, P.(1997). *Digital literacy*. Wiley Computer Pub.

Joint Information Systems Committee(2023). The development of our digital capabilities framework. https://digitalcapability.jisc.ac.uk/what-is-digital-capability/individual-digital-capabilities/our-digital-capabilities-framework

Kandlhofer, M. et al.(2016). Artificial intelligence and computer science in education: From kindergarten to university. *IEEE Frontiers in Education Conference (FIE)*, pp.1~9.

Long, D. & Magerko, B.(2020). What is AI literacy? Competencies and design considerations. *2020 CHI Conference on Human Factors in Computing Systems*. https://doi.org/10.1145/3313831.3376727

Street, B. V.(1984). *Literacy in theory and practice*. Cambridge University Press.

UNESCO(2022). Artificial Intelligence and Digital Transformation Competencies for Civil Servants. https://unesdoc.unesco.org/ark:/48223/pf0000383325

07
AI와 글쓰기

학문 공동체의 일원으로 타인과 소통하기 위해 글쓰기 능력은 필수적이다. 전통적인 글쓰기 교육의 목표를 재조명하고, AI 시대 대학 글쓰기 교육의 변화와 과제를 살펴본다.

AI와 애니메이션?

교양 글쓰기 교육의 목표

글쓰기는 학문 공동체의 구성원으로서 타인과 소통하기 위한 필수적인 활동으로, 지식을 재구성하고 문제를 해결하는 고차원적 사고 과정과 관련된다. 글쓰기 교육은 기초 학업 능력을 함양하는 활동으로서 디지털 기반 사회에서도 그 중요성이 강조될 수밖에 없다.

교양 글쓰기 교육은 비판적 · 창의적 사고를 통해 문제를 해결하고, 그 결과를 다양한 언어적 매체로 표현하여 타인과 효과적으로 소통하고 설득하는 능력을 함양하기 위해 지적 · 언어적 훈련을 포함한다(한국교양기초교육원, 2022). 다시 말해 대학 글쓰기 교육의 목표는 비판적 · 창의적 사고력, 의사소통 능력, 매체 활용 능력을 상호 연계된 역량으로 보아 통합적으로 개발하는 데 있다.

비판적 · 창의적 사고력은 학생이 글의 논리 구조를 이해하고 사고를 조직화하며, 다양한 자료를 분석 · 평가하고 문제를 창의적으로 해결할 수 있는 능력을 의미한다. 여기에는 주장과 근거를 구분하는 능력, 반론을 예측하고 검토하는 능력, 개념을 정의하고 범위를 설정하는 능력 등이 포함된다. 의사소통 능력은 이러한 사고 결과를 글로 표현할 때 독자를 고려하여 명확하고 설득력 있게 전달하는 능력이다. 이는 문장 구성 능력뿐만 아니라 문단 구조, 논증 전개 방식, 장르(보고서, 비평문, 제안서 등) 이해와도 연결된다. 매체 활용 능력은 디지털 환경에서 온라인 자료를 검색하고 신뢰도를 평가하며, 참고문헌을 정확히 제시하고, 필요한 경우 표와 그래프 같은 시각 자료와 협업 도구를 활용해 결과를 공유하는 능력이다.

이 세 가지 능력은 글쓰기 과정에서 긴밀히 결합된다. 예를 들어 우리가 어떤 사회적 이슈에 대한 글을 쓸 때 자료를 충분히 찾았다고 해도 비판적으로 평가하지 못하면 글은 단순 요약에 그칠 것이다. 반대로 사고가 논리적으로 구성되었다고 하더라도 언어로 잘 조직하지 못하면 목적이 달성되기 어려울 것이다. 또한 매체를 효과적으로 활용할 줄 모르면 자료의 출처를 제대로 밝히지 못하거나 디지털 공간에서 책임 있게 소통하고 자료를 공유할 수 없다. 따라서 교양 글쓰기 교육은 언어적 훈련만이 아니라 사고 과정의 훈련, 정보 처리 능력, 윤리적 판단과 책임까지 포함하는 통합적 교육으로 설계되어야 한다.

AI 도구를 활용한 글쓰기 교육

AI 기술의 발전은 교육 전반, 특히 글쓰기 교육의 방식을 근본적으로 바꾸고 있다. 전통적인 글쓰기 수업은 교사의 강의와 학생의 글쓰기 활동, 평가와 피드백을 중심으로 운영되었다. 그러나 최근에는 학생들이 글쓰기 과정 전반에 걸쳐 다양한 디지털 도구의 지원을 받을 수 있게 되었다. 이러한 변화는 학습에 긍정적인 영향도 있지만 동시에 학습자의 사고 과정이 AI에 의해 대체되지 않도록 각 단계를 더 정교하게 설계해야 한다는 과제를 동반한다.

글쓰기 능력은 단기간에 획득되지 않는다. 다양한 텍스트를 읽고, 비판적으로 분석하며, 장르별 글쓰기 형식을 익히고, 논리적으로 사고하여 표현하는 연습을 반복적으로 수행해야 한다. 그러나 실제 강의 환경에서는 시간은 제한되어 있고 학생 수가 많아 교수자가 모든 학생에게 충분한 피드백을 제공하기 어렵다. 글쓰기의 단계별 피드백을 진행하고 수정 과정을 충분히 점검하지 못할 경우, 글쓰기 활동은 한 번 작성해서 제출하는 과제 정도로 그 의미가 축소될 위험이 있다.

이와 같은 상황에서 AI 도구는 글쓰기의 전 과정에서 학습을 보조하는 도구로 활용될 수 있다. 예를 들어 주제 탐색과 아이디어를 구조화하는 단계에서 AI를 활용해 다양한 관점을 확인하고, 참고 자료를 확보할 수 있다.

다만 AI가 제시하는 정보에는 오류나 왜곡의 가능성도 있으므로 학생 스스로 반드시 원자료를 확인해야 한다. 초고 작성 이후에는 어휘와 문법 표현 수정, 비문 교정, 단락 간 연결 점검 등을 위해 AI 기반 피드백을 참고할 수 있다. 계획하기, 글쓰기, 퇴고하기의 전 단계를 지원하는 도구의 활용은 과정 중심의 글쓰기 수업을 운영하는 데 도움이 될 것이다.

그러나 이 과정에서 AI가 만든 결과물을 완성본으로 오인하지 않고, 학생 스스로 검토하고 재구성하도록 훈련해야 한다. 이를 설명하기 위해 번역 분야에서 사용해 온 '포스트 에디팅(post-editing)' 개념을 확장해 적용할 수 있다. 포스트 에디팅은 원래 기계 번역 등이 산출해 낸 초안을 목적에 맞게 다듬어 최종 원고로 완성하는 편집 과정을 말한다. 이는 단순한 오탈자 수정이 아니라 사실 확인, 논리 구조 점검, 근거 보강, 문체 조정, 저작권과 표절 가능성 검토까지 포함한다. 따라서 AI를 활용한 글쓰기 교육에 포스트 에디팅을 적용하여 검증과 수정이 제대로 이루어지도록 해야 할 것이다.

또한 AI는 개인별 맞춤형 학습(personalized learning)을 지원하는 도구로도 활용될 수 있다. 교실 환경에서는 교수자가 많은 학생을 동시에 지도해야 하므로 개인별 피드백의 양과 깊이에 한계가 있지만 AI는 학습자의 문장 수준, 논증의 한계점, 글의 목적과 독자에 대한 고려 부족 등을 비교적 즉각적으로 점검해 줄 수 있다. 이를 통해 학생은 스스로 부족한 점을 확인하여 자기주도적으로 수정, 보완해 나갈 수 있다. 교수자는 AI가 제공하는 기초 피드백을 바탕으로 더 고차원적인 피드백을 제공할 수 있을 것이다. 즉, 글쓰기 교육에서 AI는 교수자의 역할을 대체하는 것이 아니라 피드백의 층위를 구분하고 역할을 나누어 교육의 질을 높이는 방향으로 활용될 수 있다.

AI와 디지털 협업 도구는 협업적 글쓰기 환경을 구축하는 데에도 기여할 수 있다. 구글 독스(Google Docs), 워드 온라인(Word Online), 엑스마인드 AI(Xmind AI) 등은 글쓰기 협업 활동을 지원하는 도구다. 이러한 도구가 제공하는 공동 편집 문서, 주석, 동료 피드백 기능 등을 활용하면 하나의 글을 공동으로 완성할 수 있다. 공동 작업 과정에서 AI는 브레인스토밍(brainstorming)을 돕고 문단의 논리적 연결을 점검하고 문장을 간결하게 다듬는 역할을 수행한다. 다만 협업 글쓰기에서는 '누가 무엇을 했는가'가 평가와 연결되므로 역할 분담표, 수정 이력 등의 과정 기록을 남기도록 해야 할 것이다.

요컨대 AI 도구는 글쓰기 교육의 방법을 전환하여 학습자 중심의 글쓰기 활동을 촉진할 수 있으며, 결과 중심의 활동이 아니라 과정 중심의 활동, 개인 활동에서 협업 중심 활동으로 확장하는 계기가 될 수 있다. 그러나 글쓰기 교육에서 AI를 잘 활용하기 위해서는 AI가 제공하는 정보와 피드백을 점검하고 비판적으로 수용하는 태도가 전제되어야 한다.

AI 시대의 글쓰기 윤리

AI의 발달은 학습 환경과 교수 · 학습 방법에 혁신을 가져왔지만 동시에 새로운 양상의 표절 및 부정행위 문제를 드러내고 있다. 과거에는 타인의 글이나 아이디어를 베끼는 형태가 표절의 주를 이루었다면 최근에는 AI가 생성한 텍스트를 그대로 과제로 제출하거나 AI가 제공한 내용을 출처 없이 활용하는 사례가 증가하고 있다. 또한 AI가 생성한 내용이 사실과 다르더라도 이를 검증하지 않고 활용한다면, 이는 단순한 글쓰기 기술의 문제가 아니라 학문적 정직성과 책임의 문제로 이어질 수 있다.

AI가 생성한 텍스트는 문장 흐름이 자연스럽고 그럴듯해 학습자가 스스로 표절 여부나 검증의 필요성을 인식하기 어려운 경우가 많다. 또한 텍스트 유사도 중심의 전통적인 표절 탐지 방식으로는 AI 활용 여부를 제대로 판별하기 어렵다고 한다. 따라서 AI 시대의 글쓰기 윤리 문제는 대학 차원에서 AI 활용과 부정행위를 구분하는 기준, 그리고 수업 차원에서 투명한 활용 규칙이 요구된다.

이에 AI 시대의 표절 문제는 책임과 자율성의 문제로 확장된다. AI를 활용한 글쓰기가 인간과 기계의 협업 활동일 수는 있으나, 최종적으로 제출한 글에 대한 책임은 작성자에게 있다. 따라서 AI를 활용해 글을 작성한 경우에는 어떤 단계에서 AI를 사용했는지, 어떤 결과를 참고했고 무엇을 수정했는지, 핵심 주장과 근거는 어떤 자료에 기반하는지 등을 가능한 한 명확히 밝히는 장치가 필요하다.

몇몇 해외 대학의 AI 활용 지침을 살펴보면 AI 사용 사실을 과제에 명시하거나 사용 방식과 사용 범위를 구체적으로 공개하도록 권고하며, 때에 따라서는 프롬프트 기록을 남기도록 안내하고 있다. 이 점을 참고하면 AI 사용 내역을 기록한 'AI 활용 메모'나 '작성 로그(log)'를 과제에 첨부하게 하거나 참고문헌 목록에 AI 도구의 활용을 투명하게 밝히는 방식도 검토할 수 있다.

교육학자 클레이(Clay)는 'AI 면역(AI-immunity)'이라는 개념을 제안하며, AI 도구만으로는 수행하기 어려운 과제를 설계함으로써 부정행위의 가능성을 어느 정도 낮출 수 있다고 언급한다(Clay, 2023). 수업 시간에 진행된 토론 내용과 연결하여 자신의 입장을 구성하게 하거나 관찰 기록, 현장 인터뷰 등 준비 과정에서 도출된 자료를 포함하도록 하는 과제에는 AI를 활용하기 어렵다. 다만 교수자가 과제를 설계할 때 'AI가 못 하게 만들기'에만 집중한다면 교육적 기대 효과가 떨어질 수 있다. 따라서 학습 목표에 부합하도록 과제를 설계하는 동시에 학습자가 사고를 확장하고 글을 개선하는 보조 도구로 AI를 활용하도록 유도해야 한다.

결국 AI 시대의 표절 문제는 규제만으로는 해결하기 어렵다. 표절의 개념과 글쓰기의 저자성(authorship)을 재검토하고, 학습자가 AI를 윤리적으로 활용하는 기준과 습관을 형성하도록 교육해야 한다. 여기서 저자성이란 단지 '누가 썼는가'를 표시하는 문제가 아니라, 글의 핵심 주장과 근거를 누가 선택 · 검증하며 그 결과에 책임을 지는가에 관한 개념이다. 생성형 AI가 글쓰기 과정에 깊이 개입하더라도 최종 제출물의 정확성(사실 확인), 정당성(인용 · 출처), 논증의 타당성에 대한 책임은 작성자에게 있으며, 따라서 AI를 어떤 단계에서 어떻게 활용했는지와 AI 산출물 중 무엇을 채택 · 수정 · 폐기했는지를 투명하게 드러내는 절차가 필요하다. 학생들은 학습 윤리를 지키면서 AI를 효율적으로 활용하는 방법을 익혀야 하며, 무엇보다 학습의 주체는 AI가 아니라 학습자 자신임을 지속적으로 확인할 필요가 있다.

참고문헌

한국교양기초교육원(2022). "대학 교양기초교육의 표준 모델". 한국교양기초교육원.

Clay, G.(2023). Conceptualizing Solutions to the AI Plagiarism Problem. Teaching Better with Tech. https://automated.beehiiv.com/p/conceptualizing-solutions-ai-plagiarism-problem

Harvard University(n.d.). Generative AI Guidance. https://oue.fas.harvard.edu/faculty-resources/generative-ai-guidance/

Vanderbilt University(n.d.). Generative AI at Vanderbilt. https://www.vanderbilt.edu/generative-ai/teaching/

08
AI 시대 윤리적 쟁점

데이터는 중립적인가? AI는 창작의 주체가 될 수 있는가? 이러한 질문들을 통해 AI 시대의 윤리적 쟁점을 점검해 본다.

AI와 인재 채용?

데이터 편향(Data Bias)

데이터는 현실 세계를 측정 · 기록한 값이며, 정보는 이러한 데이터를 의사 결정에 유용하도록 선별 · 가공 · 해석한 결과를 가리킨다. 현대 사회에서 데이터는 핵심 자원으로 간주되며, 데이터를 얼마나 빠르게 축적하고 적절한 형태의 정보로 전환해 활용할 수 있는지가 국가와 조직의 경쟁력을 좌우하는 요인으로 평가된다. 그런데 데이터는 무엇을 어떤 방식으로 측정했는지에 따라 성격이 달라진다. 따라서 데이터 기반 의사 결정이 확산될수록 데이터의 품질과 공정성은 기술 문제가 아니라 사회적 · 윤리적 문제로 다루어져야 한다.

빅데이터는 디지털 환경에서 생성되는 방대한 데이터를 의미하며, 그 특징은 흔히 양(volume), 속도(velocity), 다양성(variety)의 3V로 요약된다. 최근에는 여기에 진실성(veracity)과 가치(value)를 추가해 5V로 확장해 설명하기도 한다. 이처럼 대규모 데이터가 축적되고, 연산 자원이 확대되며, 기계 학습과 딥러닝 기법이 발전하면서 AI는 패턴을 학습하고 예측 · 분류하는 능력을 고도화해 왔다.

그러나 중요한 문제는 데이터가 항상 중립적이지 않다는 점이다. 수집된 데이터는 사회의 문화적 · 역사적 · 구조적 불평등을 반영할 수 있으며, 특정 집단이 과소 대표되는 표본 편향, 측정 과정에서 체계적으로 오차가 발생하는 측정 편향, 라벨링 과정에서 편견이 개입되는 라벨 편향 등이 발생할 위험이 있다. 예를 들어 과거의 인사 데이터를 기반으로 학습한 채용 알고리즘이 남성 중심의 고용 패턴을 재현하거나, 얼굴 인식 시스템이 특정 인종 집단에서 오인식 비율이 높게 나타나는 문제는 데이터 편향이 사회적 피해로 이어질 수 있음을 보여주는 대표적인 사례로 논의되었다.

데이터 편향이 심화되면 알고리즘은 현실 세계의 불평등을 강화하거나 차별을 고착화할 위험이 있다. 특히 자동화된 의사 결정은 외관상 객관적으로 보이기 때문에 결과의 차별성이 드러나더라도 그것이 데이터나 모델, 규칙의 산물임을 인식하기 어려울 것이다. 또한 같은 데이터라도 어떤 변수를 선택하는지(특징 선택), 어떻게 가공하는지(전처리), 어떤 기준으로 성능을 평가하는지에 따라 결과는 크게 달라진다. 예를 들어 정확도만을 목표로 삼을 경우, 소수 집단에 대한 오류가 묵과될 수 있으며, 공정성을 고려하더라도 어떤 공정성 기준을 채택하느냐에 따라 결론이 달라질 수 있다. 따라서 편향 문제는 단일한 기술적 해법으로 종결되기 어려우므로 데이터와 의사 결정의 관계를 지속적으로 점검하는 체계가 필요하다.

이를 위해 기업과 기관은 데이터의 수집 단계에서부터 다양하고 정확하며 적합하고 투명한 데이터를 확보하고, 편향이 발생하지 않도록 지속적으로 모니터링해야 한다. 데이터 수집 범위와 누락을 문서화하고, 라벨링 기준과 품질 관리를 기록하며, 집단별 성능을 분리해 점검하고, 배포 이후에도 실제 환경에서의 오류 확인과 민원 점검을 통해 개선하는 방식을 고려해야 할 것이다. 이를 뒷받침하기 위해 데이터 윤리 거버넌스(Data Ethics Governance)를 구축하고, 데이터의 투명한 관리(누가, 왜, 어떻게 수집·활용하는가), 윤리적 활용 기준 설정(목적 제한, 최소 수집, 개인 보호), 편향 감시 및 대응 절차(감사, 영향평가, 개선 계획)를 포함해 AI 개발 과정 전반에 걸쳐 책임성을 확보해야 한다.

책임의 주체 상정

AI 기반 사회에서 문제가 발생했을 때 책임의 주체는 누구인가? AI 시스템은 개발자, 데이터 제공자, 서비스 운영자, 사용자, 정책 입안자 등 여러 주체가 관여하는 복합적 산물이며, 그만큼 책임 구조도 복잡해진다. 예를 들어 데이터 수집 단계의 오류, 모델 설계의 부적절한 가정, 운영 단계의 관리 소홀, 사용자 단계의 오남용은 서로 다른 형태의 피해를 낳을 수 있다. 그러나 현재의 법과 제도는 이러한 책임을 일관되게 규정하지 못하는 경우가 많다. 특히 AI의 자율적 의사 결정처럼 보일수록 '누가, 어디까지 책임을 져야 하는가'라는 문제는 더욱 모호해질 수 있다. 따라서 기술 개발 단계에서부터 윤리적 검토를 포함하는 '책임 있는 설계(Responsible AI Design)' 원칙이 필요하다.

이와 관련해 매사추세츠 공과대학(Massachusetts Institute of Technology)에서는 자율주행차의 윤리적 딜레마를 대중의 판단을 통해 탐색하기 위해 윤리 기계(Moral Machine) 플랫폼을 운영했다(한국정보통신보안윤리학회, 2021). 참가자들은 '브레이크가 고장 난 상황에서 앞으로 돌진해 동물과 충돌할지' 아니면 '방향을 틀어 보행자와 충돌할지'와 같은 선택을 요구받고, 희생자 수, 우선 보호하고자 하는 승객, 법규 준수, 개입 회피, 나이, 직업 등 다양한 조건이 결합된 더 복잡한 상황에서 응답하게 된다. 이 과정은 사람들 사이에서 반복적으로 나타나는 윤리적 직관의 경향을 확인하고, 이를 AI 설계와 정책 논의에 참고하려는 시도로 이해할 수 있다.

그러나 대중의 합리적이고 이성적인 판단이라고 해서 그것이 곧 윤리적인 판단이라고 단정할 수는 없다. AI 기반 사회에서 더 나은 선택을 하고, 문제가 발생했을 때 책임 소재를 가리는 일은 결코 쉽지 않다. 따라서 AI의 설계와 활용 과정에는 철학, 법학, 사회학, 인문학 등 다학제적 관점이 결합되어야 하며, 이를 통해 기술의 발전이 인간의 존엄성과 사회 정의를 해치지 않는 방향으로 전개되도록 해야 한다.

창작의 주체와 저작권 보호

생성형 AI의 확산은 창작의 의미와 저작권의 경계를 새롭게 묻고 있다. 대표적 사례로 2022년 8월 미국 콜로라도 주립 박람회(Colorado State Fair) 디지털아트 부문에서 게임 기획자 제이슨 앨런(Jason M. Allen)이 미드저니(Midjourney)를 활용해 제작한 작품인 '스페이스 오페라 극장(Theatre D'opera Spatial)'이 1위로 선정되어 큰 논란을 일으켰다. 앨런은 텍스트 프롬프트를 입력해 이미지를 생성한 후, 결과물을 수정하고 선별하는 과정을 거쳐 작품을 완성했다고 한다.

네티즌 사이에서는 '붓질 한 번 하지 않은 작품이 우승한 것이 정당한가', 'AI가 창작한 작품을 예술로 인정할 수 있는가'라는 논쟁이 벌어졌다. 그러나 대회 주최 측은 앨런이 작품을 제출할 때 AI 프로그램을 활용했다는 사실을 밝혔고, 대회 규정에도 디지털 기술을 활용한 창작 행위를 허용하고 있다는 점을 강조했다. 이 사례는 AI 시대에 창작과 제작, 기획과 실행, 도구 사용과 저자성의 경계가 재구성되고 있음을 보여 준다.

AI가 아직 인간과 같은 의미에서 독자적 창작 주체로 기능한다고 보기는 어렵지만, 창작 영역에서도 역할을 확장해 가고 있는 것은 분명하다. 이런 상황에서 우리는 AI를 창작 과정의 도구로 볼 것인지 아니면 특정 조건에서 공동 창작의 행위자로 볼 것인지 논의해야 하며, 더 나아가 'AI가 만든 결과물의 저작권은 누구에게 귀속되는가'와 같은 법적 · 제도적 문제도 함께 다루어야 한다.

저작권법은 통상 인간의 사상과 감정을 표현한 창작물을 보호 대상으로 삼는다. 따라서 현시점에서는 AI를 창작의 독자적인 주체로 인정하고 AI 자체에 저작권을 부여하는 논리는 제한적일 수 있다. 그러나 AI가 산출한 결과물에 대한 사용자의 기여가 어느 정도인지에 따라 창작성을 어떻게 평가할지 논쟁이 계속될 수 있다. 따라서 저작권에 관한 논의는 창작 관련 산업 분야와 교육 현장에서 주요 쟁점으로 다루어져야 한다.

또 하나 생각해 볼 문제는 AI의 학습 과정에서 기존 작품이 이용될 때 발생할 수 있는 저작권 침해 가능성이다. 학습 데이터의 수집과 이용이 적법한지, 권리자의 동의가 있는지, 결과물이 특정 작품과 실질적으로 유사한지 등의 문제는 기술, 법, 윤리가 교차하는 지점에 놓여 있다. 따라서 학습용 데이터 이용에 대한 지침과 투명성 기준을 마련하고, AI 기술 개발자와 연구자가 이를 준수하도록 하는 제도적 장치가 요구된다. 사용자 역시 AI 결과물을 이용하여 콘텐츠를 생산할 때 출처 표시와 권리 검토, 유사성 점검 등 책임 있는 창작 절차를 따라야 할 것이다.

결론적으로 우리는 AI를 단순한 도구가 아니라 사회적 책임과 가치가 결합된 기술로 인식해야 한다. 데이터 편향 문제는 공정성과 인권의 문제로, 책임 소재 논의는 제도와 거버넌스의 문제로, 창작과 저작권 문제는 문화·예술 생태계와 노동 가치의 문제로 확장된다. UNESCO의 'AI 윤리에 관한 권고' 역시 편향, 차별, 투명성, 책임성 등 핵심 윤리 문제를 다룬다는 점에서 사회적 관리 규범의 필요성을 뒷받침한다(UNESCO, 2021). 따라서 윤리적 창작 규범과 책임 있는 데이터·AI 거버넌스를 마련하여 기술 발전이 사회 발전에 기여하도록 해야 할 것이다.

참고문헌

채널A 뉴스(2022.9.4). "미술대회서 인공지능 작품이 1등… "붓질 없어도 예술?"".
https://ichannela.com/news/detail/000000312427.do

한국정보통신보안윤리학회(2021). 《지능정보사회와 AI 윤리》. 배움터.

UNESCO(2021). Recommendation on the Ethics of Artificial Intelligence.
https://www.unesco.org/en/legal-affairs/recommendation-ethics-artificial-intelligence

09
AI 윤리와 디지털 시민 교육

AI 시대 우리는 기술과 인간의 관계를 성찰하고 변화에 주체적으로 대응해야 한다. 이를 위해 AI 윤리와 디지털 시민 교육의 필요성과 의미를 살펴본다.

AI 윤리

모든 기술에는 양면성이 존재하며, AI 역시 예외가 아니다. AI는 의료, 교육, 산업 등 다양한 분야에서 긍정적인 변화를 이끌고 있지만 동시에 새로운 사회 문제와 윤리적 논란을 불러일으키고 있다. 이러한 상황에서 AI 윤리와 관련된 교양교육은 기술이 인간과 사회에 미치는 영향을 비판적으로 성찰하고, 올바른 방향으로 이끌기 위한 소양을 기르는 교육으로서 의미를 갖는다.

AI는 기계 학습을 통해 온라인상에 존재하는 방대한 데이터를 학습한다. 하지만 인터넷에는 신뢰할 수 없는 정보, 불법 데이터, 사회적 편견이 반영된 자료도 존재한다. 이러한 데이터가 학습되면 AI는 편향을 내재화해 차별적이거나 왜곡된 결과를 생성할 수 있다. 또한 AI의 설계 단계에서부터 인간의 가치관과 편향이 반영될 수 있으므로 개발자와 운영사는 이러한 위험에 대한 윤리적 책임을 인식해야 한다(고영상 외, 2021).

AI 기술의 악용 사례도 심각하다. 딥페이크(deepfake)를 활용한 허위 영상의 제작과 유포, AI 음성 복제를 이용한 보이스 피싱(voice phishing), 가짜 뉴스 생성 등은 개인의 명예와 사회적 신뢰를 훼손한다. 이러한 문제는 기술적 통제만으로는 해결하기 어렵다. 따라서 사회 구성원 전체가 기술의 사용 목적과 결과를 비판적으로 판단할 수 있도록 AI 윤리 교육이 이루어져야 한다.

AI 윤리 교육의 내용 요소는 다음의 네 가지로 정리할 수 있다. 첫째, AI의 본질과 작동 원리에 대한 이해다. 기술의 구조를 알아야 그 안에 내재한 한계와 위험을 인식할 수 있다. 둘째, 데이터와 알고리즘의 편향성 인식 및 공정성 확보 방안이다. 학습 데이터의 출처, 대표성, 다양성을 비판적으로 점검하고, 알고리즘이 특정 집단을 불리하게 대하지 않도록 설계하는 것이 중요하다. 셋째, AI의 사회적 영향과 윤리적 문제에 대한 탐구다. AI가 인간의 일자리, 일상생활, 인권 등에 미치는 영향을 탐색하고, 그에 따른 사회적 책임을 논의한다. 넷째, AI의 도덕적 행위 주체성(Artificial Moral Agent)에 대한 이해다. 인간의 명령을 따르는 도구에서 스스로 윤리적 판단을 수행하는 AI로의 발전 가능성과 한계를 검토하는 것이다.

AI 윤리 교육의 목적은 단순히 위험을 예방하는 데만 있지 않다. 궁극적으로 인간 중심의 기술 발전을 도모하고, 기술과 인간이 조화롭게 공존할 수 있는 방향을 모색하는 데 있다. 따라서 AI 윤리 교육을 통해 학생들이 기술을 비판적으로 이해하고, 책임 있게 사용할 수 있도록 해야 한다. 기술적 능력뿐만 아니라 윤리적 성찰이 동반

될 때 비로소 AI는 인간의 삶을 더 풍요롭고 안전하게 만드는 도구로 자리 잡을 수 있다.

디지털 시민성

우리는 디지털 기술과 네트워크가 사회의 기반을 이루는 디지털 사회(digital society)에 살고 있다. 디지털 사회에서 시민은 디지털 공간에서 책임 있게 행동하고 공동체의 일원으로 공적 활동에 참여해야 한다. 이러한 능력과 태도를 통칭하는 개념이 바로 디지털 시민성(digital citizenship)이다.

카츠(Katz)는 1990년대 후반, 인터넷에서 사회적인 이슈에 대해 적극적으로 참여하는 미국인들을 묘사하기 위해 디지털 시민(digital citizen)이라는 용어를 제안했다(Katz, 1997a). 카츠에 의하면 디지털 시민은 지식을 가지고 있고, 관용적이며, 시민의식이 강하고, 변화를 빠르게 수용한다는 특징을 지닌다(Katz, 1997b).

유네스코는 디지털 시민성을 정보를 찾고 활용 · 생산하며, 타인과 콘텐츠에 윤리적으로 참여하고, 자신의 권리를 인식한 채 온라인과 ICT 환경을 안전하고 책임 있게 이용하는 역량으로 정의한다(UNESCO, 2015). 유네스코는 또한 '아시아-태평양 디지털 키즈(Digital Kids

Asia Pacific)'를 통해 디지털 시민성은 다음의 5개 역량으로 구성된다고 설명한다(UNESCO, 2019).

첫째, '디지털 리터러시'는 디지털 도구를 활용하여 정보를 검색할 수 있고, 디지털 미디어나 뉴스를 비판적으로 접근하여 정보에 입각한 올바른 결정을 내릴 수 있는 능력이다. 둘째, '디지털 안전과 회복'은 디지털 공간에서 자신과 다른 사람을 위험으로부터 보호하는 방법을 이해하는 능력이다. 셋째, '디지털 참여'는 적절한 디지털 기술을 활용하여 사회와 상호작용하고 관여하며 긍정적인 영향을 미치는 능력이다. 넷째, '디지털 감성 지능'은 개인과 대인관계 수준에서 디지털 상호작용을 할 때 감정을 인식하고 탐색하며 표현하는 능력이다. 다섯째, '창의성과 혁신'은 ICT 도구를 활용하여 디지털 콘텐츠를 만들어 냄으로써 자신을 표현하고 탐구하는 능력이다.

디지털 시민성은 ICT를 올바르고 윤리적으로 활용하면서 사회적 책임과 공동체적 가치를 실천할 수 있는 역량을 의미한다. 이는 단순한 기술 숙련을 넘어 윤리적 판단, 비판적 사고, 참여 의식, 타인에 대한 존중을 포함하는 종합적 역량이다. 특히 소셜 네트워킹 서비스(SNS)와 AI 기반 플랫폼이 여론 형성과 사회적 의사 결정에 큰 영향을 미치는 오늘날, 시민은 디지털 환경에서 수동적인 정보 수용자가 아니라 능동적인 참여자가 되어야 한다.

디지털 시민 교육의 방향

디지털 시민성을 함양하기 위해서는 대학 교양교육이 기술의 활용 교육과 더불어 윤리, 인권, 공동체 의식 등을 아우르는 통합적 접근 방식을 취해야 한다. 학생들은 기술의 활용이 사회에 미치는 결과를 성찰하고, 타인의 권리를 존중하는 태도를 길러야 한다. 이는 대학의 디지털 교육이 디지털 환경에서 민주주의의 가치를 수호하기 위한 인성 교육, 윤리 교육의 영역으로 확장되어야 함을 뜻한다.

오늘날 시민의 역할은 과거와는 근본적으로 다르다. 시민은 사회 구성원인 동시에 디지털 공간에서의 생산자이자 참여자로 존재한다. 따라서 온라인 환경에서의 원활한 소통, 정보의 비판적 해석, 개인정보 보호, 기술 윤리에 대한 이해가 필수적이다. 대학 교양교육은 디지털 리터러시, 디지털 윤리, 디지털 시민으로서의 실천 교육을 담당해야 한다.

전통적으로 교양교육은 인간과 사회, 자연에 대한 폭넓은 이해를 통해 자유로운 인격과 책임 있는 시민을 양성하는 데 목적을 두었다. 따라서 디지털 시민 교육은 기술 활용에서 인간의 존엄과 공공선을 실현하려는 교양의 정신을 현대적으로 재해석하는 교육이 될 것이다.

참고문헌

고영상 외(2021). 《인공지능 윤리 개론》. 커뮤니케이션북스.

Katz, J.(1997a). Birth of a digital nation. *Wired Magazine, 5*(4). https://www.wired.com/1997/04/netizen-3/

Katz, J.(1997b). The digital citizen. *Wired Magazine, 5*(12). https://www.wired.com/1997/12/netizen-29/

UNESCO(2015). Fostering digital citizenship through safe and responsible use of ICT: A review of current status in Asia and the Pacific as of December 2014. UNESCO Asia-Pacific Regional Bureau of Education.

UNESCO(2019). Digital Kids Asia-Pacific: Insights into Children's Digital Citizenship. UNESCO Asia-Pacific Regional Bureau of Education.

10
AI 시대 교양교육의 미래

AI 기반 사회에서 일자리와 교육은 큰 변화를 맞이하게 될 것이다. 이러한 변화의 의미를 점검해 보고, 평생교육의 바탕이 될 수 있는 교양교육의 미래를 논의한다.

AI와 미래 의사?

일자리의 변화

AI 기반 사회로의 전환은 산업 구조를 바꾸어 노동 시장에 많은 변화를 주고 있다. 과거 산업혁명을 통해 기계가 인간의 육체노동을 대체했다면, 오늘날의 AI 혁명은 인간의 지적 노동과 판단까지 기계가 수행하는 방향으로 전개되고 있다. AI는 방대한 데이터와 복잡한 문제를 신속하게 해결하여 업무 효율을 높이는 동시에 기존의 일자리 구조를 재편하고 있다.

우선 반복적이고 단순한 업무는 빠르게 자동화되고 있다. 콜센터(call center) 상담 업무나 물류 분류, 단순 회계 처리, 번역 등은 이미 AI 시스템에 의해 상당 부분 대체되었다. 이러한 변화는 단순 노동 종사자의 일자리를 감소시키는 결과를 초래하게 된다. 반면 데이터 분석, 인공지능 설계, 로봇공학, 사이버 보안, 디지털 콘텐츠 기획과 같은 AI 기술을 활용할 수 있는 고숙련 직종의 수요는 증가하고 있다. 즉, 노동 시장은 자동화로 축소되는 일자리와 새롭게 창출되는 일자리 간의 격차가 확대되고 있는 것이다.

이러한 변화는 디지털 격차(digital divide)를 심화시키는 주요 요인으로 작용한다. 고급 기술을 습득한 사람들은 새로운 일자리를 통해 경제적 이익을 얻을 수 있지만 저숙련 노동자들은 기술 변화에 적응하지 못해 일자리를 잃게 될 가능성이 크다. 그 결과 사회적 불평등과 고용 불안이 심화될 수 있으며, 공공정책과 사회적 안전망이 충분히 뒷받침되지 않을 경우 계층 간의 격차는 점차 고착화될 수 있다.

기술의 혁신은 늘 일자리의 변화를 가져왔다. 자동차의 등장은 마부나 대장장이의 일자리를 사라지게 했지만 자동차 공장의 노동자, 정비사, 판매원, 보험 설계사 등 새로운 직업을 만들어 내기도 했다. AI 시대에도 마찬가지로 전통적인 직업의 상당수가 사라지는 한편, AI 엔지니어, 데이터 과학자, AI 트레이너, 디지털 헬스케어(healthcare) 전문가 등 새로운 형태의 직업이 등장하고 있다.

또한 기술의 발전은 오투오(Online to Offline, O2O) 경제와 긱 경제(Gig Economy)를 확산시키며 고용 형태의 변화를 촉진하고 있다. 프리랜서 데이터 분석가, 온라인 튜터(tutor), 플랫폼 기반 배달, 운송 서비스 종사자 등은 디지털 플랫폼을 통해 일하는 새로운 형태의 노동자다. 이러한 일자리는 개인의 자율성을 높인다는 장점도 있지만 고용 안정성이 떨어진다는 점에서 새로운 사회적 과제를 낳고 있다.

따라서 AI 시대의 일자리 변화는 단순히 '일자리가 사라진다'는 문제만이 아니라 노동의 성격이 변화한다는 관점에서 이해할 필요가 있다. 다만 실업과 고용 불안정성에 대비하기 위한 정책적 노력은 필수적이다. 이를 위해 노동자들이 변화하는 기술 환경에 적응할 수 있도록 지속적인 재교육과 평생학습 체계를 강화해야 한다. 정부와 기업은 변화하는 산업 수요에 맞는 인력 양성 정책과 사회적 안전망을 마련해야 한다(한국지능정보사회진흥원, 2018). 결국 AI 시대의 일자리는 단절이 아니라 전환의 과정이다. 기술이 인간을 대체하는 것이 아니라 인간과 AI가 협력하여 더 높은 가치를 창출하는 방향으로 노동의 의미를 재정립해야 한다.

교육의 변화

AI의 발전은 교육의 본질과 구조에도 변화를 가져오고 있다. 과거의 교육이 교사 중심의 획일적 교육과정에 의존했다면 AI 시대의 교육은 학습자 중심의 맞춤형 학습으로 전환되고 있다. AI는 학습자의 수준, 흥미, 학습 속도, 성취도 등을 실시간으로 분석하여 개인에게 최적화된 학습 경로를 제시한다. 예를 들어, 학생이 특정 개념을 이해하지 못하면 AI가 즉시 이를 감지해 보충 자료를 제공하거나 난이도를 조정하여 학습 효율을 극대화한다. 이러한 기술적 진보는 교실 안팎에서 학습자의 주도권을 강화하고, 학습 경험의 다양성을 확대한다.

AI 기반 교육은 시공간의 제약을 넘어선 학습 환경을 실현하고 있다. 온라인 플랫폼과 AI 튜터의 결합으로 언제 어디서나 학습이 가능해졌으며, 학습자는 자신만의 속도와 목표에 따라 학습 계획을 세울 수 있다. AI 튜터는 학생의 질문에 즉시 답변하거나 개인의 학습 패턴을 분석해 다음 학습의 방향을 제시하는 등 '디지털 멘토(mentor)'에 가까운 역할을 수행할 수 있다. 이는 경제적·지리적 제약으로 인해 충분한 교육 기회를 얻지 못하던 학습자들에게 교육의 접근성을 높이고 새로운 가능성을 제공한다.

또한 이와 같은 환경은 평생학습 사회(lifelong learning society)로의 전환을 가속화한다. 과거에는 학교 교육이나 직업 훈련이 학습의 주요 경로였지만 오늘날에는 AI 기반의 온라인 학습 플랫폼인 코세라(Coursera), 유데미(Udemy), 칸 아카데미(Khan Academy) 등을 통해 직장인과 성인 학습자도 다양한 강좌를 선택해 역량을 개발할 수 있다. 이러한 학습 방식은 단순히 재교육이나 기술의 습득을 의미하는 것이 아니라 스스로 학습 계획을 설계하고 진로를 관리하는 자기주도적 학습자로 성장하게 한다는 점에서 의미가 있다.

AI는 교사의 역할에도 변화를 가져온다. 교사는 지식을 전달하는 역할에서 벗어나, AI와 협력하여 학습자의 성장 과정을 설계하고 지도하는 학습 코치(coach)의 역할이 강조된다. 또한 학생의 정서적 지원, 비판적 사고력, 창의적 문제해결 능력 등 AI가 대체할 수 없는 인간 고유의 역량을 기를 수 있도록 지도해야 한다. 이는 교사 양성과정과 교육 제도 전반에 대한 재정비를 요구한다.

더 나아가 AI 시대의 교육은 지식 중심 교육에서 역량 중심 교육으로의 전환을 가속화한다. 단순 암기식 학습이 아닌 데이터를 해석하고 창의적으로 활용하는 능력, 협업과 윤리적 판단력 등 인간 고유의 역량이 중요해지고 있다. AI가 지식을 제공하고 분석하는 역할을 담당한다면 인간은 그 지식을 어떻게 사용할 것인가를 판단하고 책임지는 존재로서 역량을 강화해야 한다.

결국 AI 시대의 교육은 단순히 학습 도구의 변화를 의미하는 것이 아니라 배움의 철학 자체가 변화하는 과정이다. 교육의 목표는 지식을 전수하는 데 그치지 않고, 학습자가 끊임없이 변화하는 사회에서 스스로 배우고 성장할 수 있는 능력을 기르는 데 있다. 인간은 그러한 변화를 지원하는 도구인 AI와 협력하여 새로운 학습의 주체로 거듭나야 한다.

교양교육에서 평생교육으로

21세기는 AI와 디지털 기술이 사회 전반에 혁신을 가져오는 시대로, 대학 교육의 역할과 방향이 변화될 수밖에 없다. 과거의 교양교육은 인간, 사회, 자연에 대한 폭넓은 이해를 통해 비판적 사고와 윤리적 성찰을 기르는 데 초점을 맞추었다. 그러나 오늘날의 교양교육은 이에 더해 끊임없이 변화하는 기술 환경 속에서 스스로 배우고 성장할 수 있는 능동적 학습자를 길러내는 방향으로 확장되고 있다.

이제 교양교육은 대학 재학 시기로만 한정되는 교육이 아니라 AI 시대의 평생교육(lifelong education)으로 이어지는 토대가 되어야 한다. 평생교육은 '요람에서 무덤까지' 개인의 전 생애에 걸친 교육의 수직적 통합과 모든 생활공간에서 이루어지는 교육의 수평적 통합을 의미한다. 이는 단순히 성인 교육의 연장선이 아니라, 모든 연령대와 삶의 영역을 포괄하는 통합적 · 총체적 교육 체계로 이해되고 있다(Lengrand, 1965).

AI의 발전은 지식의 생산과 확산 속도를 비약적으로

높이고 있다. 기계 학습, 빅데이터, 자동화 시스템 등의 발달로 인해 지식의 유효기간은 점점 짧아지고 있다. 따라서 대학 교양교육은 학습자가 생애 전반에 걸쳐 스스로 학습할 수 있는 자기주도적 역량을 함양하는 방향으로 강화될 필요가 있다. 즉, 교양교육은 평생학습의 출발점이자 지속 가능한 학습 태도를 형성하는 교육적 토대가 되어야 한다.

또한 AI 시대의 교양교육은 융복합적 사고와 디지털 시민성을 강조해야 한다. AI 기술은 사회적 의사 결정, 문화적 생산, 정치적 담론 등 다양한 활동 영역에 깊숙이 관여하고 있다. 이에 우리는 교양교육을 통해 기술이 사회 구조, 인간관계, 윤리적 가치에 미치는 영향을 비판적으로 성찰할 수 있는 통합적 시각을 길러야 한다. 학생들은 AI가 야기할 수 있는 사회적 불평등, 데이터 편향, 정보 윤리의 문제를 이해하고, 이를 해결하기 위해 비판적 사고와 윤리적 성찰 능력을 갖춰야 한다. 이는 곧 미래 사회에서 시민으로서 책임을 다하고 공공선(公共善)을 실현하는 역량으로 확대된다.

교양교육과 평생교육의 결합은 개인의 성장뿐만 아니라 사회적 차원에서도 중요한 의미를 지닌다. AI 시대의 기술 변화와 노동 시장의 구조 개편 문제는 개인의 노력만으로 해결할 수 없다. 따라서 대학은 사회적 학습의 허브(hub)로서, 졸업생뿐만 아니라 지역 사회 구성원에게도 열린 평생학습 공동체를 구축해야 한다. 대학이 지속적으로 교육 기회를 제공한다면 기술 변화로 인한 정보 격차와 사회적 불평등을 완화하는 데 기여할 수 있을 것이다.

결국 AI 시대의 교양교육은 기술 중심의 사회 속에서 인간 중심의 학습과 성장을 가능하게 하는 핵심 전략이다. 교양교육은 이제 자기주도적 학습 능력, 창의적 문제해결 능력, 디지털 시민성을 포함하는 미래 역량을 기르는 통합적 교육과정으로 재구조화되어야 한다. 교양교육이 이러한 역할을 제대로 수행할 때 학습자는 변화하는 기술과 사회를 이해하고 스스로 지식과 가치를 창출할 수 있는 주체로 성장할 수 있다. 따라서 AI 시대의 교양교육은 학습자를 평생 학습자로 성장시키고, 안전하고 공정한 사회가 형성되도록 인간 중심의 지속 가능한 학습 생태계를 만들어가야 한다.

참고문헌

한국지능정보사회진흥원(2018). "4차 산업혁명, 대한민국의 미래를 찾다".

https://nia.or.kr/site/nia_kor/ex/bbs/View.do?cbIdx=25932&bcIdx=19558

Lengrand, P.(1965). Éducation permanente. *International Committee for the Advancement of Adult Education.* https://unesdoc.unesco.org/ark:/48223/pf0000144186_fre?posInSet=7&queryId=N-EXPLORE-2b3e5643-223c-4370-a0f5-a47945d9758a

김양희

부산대학교 교양교육원 강사다. 부산대학교에서 프랑스어 교육 전공으로 교육학 석·박사 학위를 받았고, 한국방송통신대학교에서 "인공지능 리터러시 함양을 위한 교양 프로그램 지식체계 설계"로 이학석사 학위를 받았다. 국립한국해양대학교 교양교육원에서 전임연구원으로 재직했으며, 현재 부산대학교, 국립부경대학교, 국립한국해양대학교에 출강하고 있다. 주요 논문으로 "인공지능 교양 교육과정 운영의 의미와 방향 탐색"(2022), "디지털 리터러시 함양을 위한 학문 목적 한국어 읽기 활동 연구"(2023), "PBL을 활용한 이공계 글쓰기 수업의 실제"(2024), "글로벌 ICT 교육공동체로서 에콜 42(École 42)가 갖는 의미 탐색"(2025) 등이 있다.